名师名校名校长

凝聚名师共识
回应名师关怀
打造名师品牌
培育名师群体

程明远题字

坚守一方土，
安静幸福地成长

——教育教学行与思

JIANSHOU YIFANGTU

ANJING XINGFU DE CHENGZHANG

李付晓 / 著

东北师范大学出版社

长春

图书在版编目（CIP）数据

坚守一方土，安静幸福地成长：教育教学行与思 /
李付晓著. — 长春：东北师范大学出版社，2022.11
ISBN 978-7-5681-9851-6

Ⅰ.①坚… Ⅱ.①李… Ⅲ.①中小学教育—教学研究
Ⅳ.①G632.0

中国版本图书馆CIP数据核字（2022）第224222号

□责任编辑：石　斌　　　　　□封面设计：言之凿

□责任校对：刘彦妮　张小娅　□责任印制：许　冰

东北师范大学出版社出版发行

长春净月经济开发区金宝街 118 号（邮政编码：130117）

电话：0431-84568023

网址：http://www.nenup.com

北京言之凿文化发展有限公司设计部制版

北京政采印刷服务有限公司印装

北京市中关村科技园区通州园金桥科技产业基地环科中路 17 号（邮编：101102）

2022年11月第1版　2023年3月第1次印刷

幅面尺寸：170mm×240mm　印张：13　字数：204千

定价：58.00元

序言

我的"师傅"李付晓老师

民间有言："读万卷书，不如行万里路；行万里路，不如阅人无数；阅人无数，不如名师指路。"诚哉斯言！从一名教学新手成长为专家型或教育家型教师，到达教师专业成长的最高境界，若这一路上能够得到"名师"指路，无疑是幸运的。

而我，就是如此幸运。

2018年初，得益于他人推荐，承蒙恩师不弃，我有幸加入心仪已久的"中原名师李付晓小学数学工作室"，与三十余位来自不同市县的同行一起，悉心聆听李付晓老师的教诲，在李付晓老师的指引下开启了专业发展的"加速器"。

某次，我以不速之客的身份参加一个由李付晓老师主讲的区域研讨活动。主办方虽然认识我这个不邀而至者，但还是好奇："咦，你怎么有空来听课？"我浅笑："因为师傅来讲课啊！不来听课，我不是亏大了吗？"主办方很吃惊："你叫李老师'师傅'？"我大大方方地承认："是的！我们都这样叫她！"

不知道从什么时候起，更不知道从哪位同行开始，我们对李付晓老师的称谓，从"李老师"变成了"师傅"！那一声声"师傅"，叫得亲切，叫得自然！

那一声声"师傅"里，蕴藏着我们对李付晓老师术业有成的崇拜！

作为一线教师，她拥有着众多光环：中原领军人才、中原名师、河南省高层次人才（B类）、河南省中小学教师校长研修学院专家、河南大学硕士研究生导师……

光环夺目，让我们为之赞叹！光环之下，真正吸引我们的却是她付诸数学教育实践的深邃的教育思想。从教三十余年，她坚持做"思想的行者"，扎根小学数学课堂，在教学中追求严谨规范、扎实灵动的教学风格，以学生为中心，以学科为核心，提出了"探索数学本质，发展学生思维"的教学主张。

师傅经常说："数学是让学生越学越聪明、越学越智慧的学科。"在教学实践中，她努力促进学生思维的发展和理性思维的养成，在突出数学本质的同时，让学生经历"数学化"的过程，从而构建知识体系，渗透数学基本思想，加深对知识的理解。她常常对我们说："只有这样学习，学生的思考能力才能不断提高，良好的思维习惯才能逐步养成，思维能力才会提升，思维才会越来越数学化，这样的课堂才会有数学味。"

教而不研，一潭死水；研而不教，无源之水；教研结合，源头活水。毫无疑问，师傅是"教"与"研"紧密结合的践行者。近年来，她主持或参与了16项课题研究，其中有6项研究成果获省级以上奖励；而她将教育思考诉诸笔端，在《小学数学教育》《小学教学参考》等专业学术期刊发表文章100多篇，编写师生用书11本。

那一声声的"师傅"里，赋存着我们对李付晓老师勤奋耕耘的钦佩！

冰心在《繁星·春水》中写道："成功的花，人们只惊羡她现时的明艳！然而当初她的芽儿，浸透了奋斗的泪泉，洒遍了牺牲的血雨。"

2018年春，我跟随师傅到镇平县察院小学参加送教活动。这是我第一次参加工作室的活动。到达镇平之后，她组织几位送教教师研讨到深夜。第二天，与她同住一室的丁广丽老师感慨地说："师傅真是辛苦！研讨后，她又在笔记本电脑上写文章。我都睡醒了她还在写着……"师傅的勤奋可窥一斑。

这样的经历在我们的相处中时时、处处演绎着。师傅说："假期就是增值期，时间就是奢侈品。"追随她一起研修的途中，当我们的眼睛在沿途的风景中沦陷时，她总是在专业的领域内如饥似渴地探寻着。在鹤壁、在商丘、在洛阳……渐渐地，我们开始跟随她的步伐，与她一起快步疾走。

没有一颗珍珠的闪光，是靠别人涂抹上去的。遥想当年，师傅师范毕业，被分配到地处宛西的农村某学校任教，作为全校唯一的正式教师，她也曾"孤独地伫立在教育的四角天空下，开始半亩方塘的耕耘"。面对偏见与孤独，她饱受寂寞与清贫，依靠勤奋与苦学，努力地"向下扎根"，最终实现了"向上成长"。

师傅说："名师是怎么炼成的？名师是熬夜熬出来的。每一次成绩的取得，每一项荣誉的背后，都是逆风飞翔的身姿和汗珠落地的碎响。"不要羡慕别人的荣光，那背后是一路汗水的流淌。

那一声声的"师傅"里，饱含着我们对李付晓老师倾心引领的感恩！

"走自己的路，让别人走得更好！"这是著名特级教师华应龙给"中原名师李付晓小学数学工作室"的题词。诚然如是，师傅不仅是一个自律地行走在教育大道上的"思想者"，更是一个无私地引领着众多教师抱团成长的"引路人"。

她说："勤奋让人变得更好，但平台会让人飞得更高。"

"中原名师李付晓小学数学工作室"就是一个助推一众成员展翅高飞的卓越平台。多年来，师傅倾尽心血，努力把工作室建成成长的平台、展示的舞台、研究的基地、示范的窗口、辐射的中心、名师的摇篮。

"中原名师李付晓小学数学工作室"里有一幅标语："明确的目标是一切成功的起点。"师傅希望名师工作室能培育出更多"能上课、能学习、能研究、能写作、能讲座"的"五能"教师，进而惠及更多孩子。

在这里，她一边用自己的思想行为熏陶大家，一边进行专业知识和专业能力的引领。她带领我们研究课标、研究教材、研究课堂、研究学生，督促我们读书、学习、交流，指导我们研究课题。

"独行快，众行远。"以"中原名师李付晓小学数学工作室"为圆心，以研究为半径，师傅带领团队一起描画了专业发展的"同心圆"。她本人先后到浙江师范大学、郑州师范学院以及巩义市、驻马店市等地做专题报告两百多场。工作室成员多人在国家级、省级舞台上展示风采，23名成员的课获国家级、省级优质课一等奖，8名成员成为国培教师。

"追随师傅研修的经历，是我教育生涯中最灿烂的时光。因为有师傅的提携，我步入了专业发展的快车道。"河南省南阳市方城县第十小学业务校长丁广丽如是说。

有一种伟大来自平凡，有一种崇敬始终如一。那一声声"师傅"里，储蓄着我们对李付晓老师太多太多的印记……

韩愈在《师说》中说："师者，所以传道授业解惑也。"师傅既是莘莘学子的老师，"构建让学生两眼发光的课堂"是她不懈的追求，又是一众工作室成员乃至数不清的曾聆听她的专业指导的老师的老师，"百花齐放春满园"是她发自内心的幸福。

"所谓成绩，不过是清空后的又一个零起点。"我十分赞赏师傅的这个观点。就在前不久，由师傅主笔的《名师成长的密码》和独著的《思维引领，智慧解构——小学数学教学课型范式与实施策略》出版了。而今，喜讯再传，凝聚着师傅教育智慧的新书《坚守一方土，安静幸福地成长——教育教学行与思》又将面世。作为追随师傅研修的忠实学员，我充满期待，浮思翩翩，虽不能概括师傅之佳绩，却也想体现学子尊崇之心意，谨以此为序言。

高山仰止，景行行止；虽不能至，心向往之。向我的师傅李付晓老师致敬！盼望师傅作品早日面世，期待中。

张伟宾

2021年12月26日

目 录

第三辑

阐述名师智慧，做个性教师

——教师教学

第四辑

探寻教育深度，做智慧教师

——教师课题

第五辑

打破发展瓶颈，做卓越教师

——教师管理

第一辑

提升生命价值，做魅力教师

——教师成长

纵使路有千万里　心中有路是坦途

回望走过的路，检索经过的岁月，眼前浮现出老家村庄的影子和一个扎着羊角辫的清瘦女孩低头看书的身影。勤奋、思考、吃苦、执着、阅读、写作几个词从流走的岁月中沉淀下来，是它们为我铺就了成长之路。

梦想之年　无忧前行

少不更事，懵懵懂懂，可能也有梦想，但究竟自己的梦想是什么却并不清晰。爱上读书像呼吸一样自然，我读书并不是为了所谓的什么梦想而读。至于从什么时候开始迷恋上书，我想大约是从"听书"开始的吧。在我爱做梦的年纪，每隔一段时间，都有说书人到村里。白天村子里的树荫下、晚上的麦场上，甚至牛棚里、磨坊里，都成了说书的场地。我常常随爷爷去听书，只见说书人坐一把凳子，面前架一只鼓，手持一双鼓槌，"咚咚咚"击响，好戏就开场了。《李自成》《岳飞传》《杨家将》……说书人说得绘声绘色，我听得津津有味，不忍离去。好戏终是要散场的。常常听到精彩处，只听"咚"的一声响，"欲知后事如何，且听下回分解"，好戏戛然而止。书听到半截，对我来说是一种痛苦的煎熬，我就急于找到书看。大约从那时起，我开始了读书。

那时我读的书多是连环画，连环画又称连环图画、小人书、小书等，我和村中同伴常常称之为"小人书"。由于经济条件差，我们很少买这样的小人书，往往是同伴间相互转借。拿到的小人书，差不多都是翻卷的，有些页已缺了角，但一点也不影响我阅读的兴趣。每每得到一本，我便如饥似渴地读着、看着，忘记了照看弟弟妹妹的任务，忘记了吃饭，额前的刘海被煤油灯烧焦了好多次。有时，在煤油灯下看上一两个小时后，我的鼻子上都是黑乎乎的油灰。为了快速读完所借到的书，我往往一个人躲到一边，对家人的呼喊充耳不闻。时间长了，四个姑姑戏称我是"哑巴女""书迷子"。《西游记》《鸡毛信》《福尔摩斯探案集》《三毛流浪记》《铁道游击队》……我看了一遍又一遍。

农村家庭里，书太少了，没有多少书可读，因此我逮着什么书就读什么书，各类书都成了我的"宝物"，就连四个姑姑的语文课本也成了我的读物。《水浒传》《中国通史》《红楼梦》《三国演义》等，我常常读至不知晨昏。

"不动笔墨不读书。"随着年龄的增长，我拥有了自己的书，常常是边读边圈画。思考感悟记书边，这是我读书的习惯。凡是我读过的书，都留下了批注的痕迹。有时，为了突出重点，我还用蓝笔写、红笔圈；有时，则边读边摘录，摘录优美词语、好的句段。初中三年，我特别喜欢读、记优美的语句、段落。与此同时，我坚持写日记，不知不觉间，我的作文被老师选中发在校刊上，语文成绩也总是得到比较高的分数。

1985年，我考入师范。初到内乡师范学校，我就被偌大的图书室深深地吸引了，在书的海洋里，我开始了快乐的阅读。教室里、操场上、寝室的纱帐中，我捧着一本本书，静静地读。我读《巴黎圣母院》《钢铁是怎样炼成的》《爱弥儿》《论语》《陶行知文集》等名著，读《青年文摘》《读者》《青年文学》《故事会》等杂志。我边读边思考，读书笔记中书写着思维与灵感的共舞。三年时光很快过去，留下的有几本日记、几本读书笔记和边读书边思考的痕迹。

初为人师　研读苦学

1988年，师范毕业，我被分配到地处宛西农村的某药厂子弟学校任教。这里，没有像样的硬件设施，也没有同伴互助，更谈不上专业引领与进修学习。作为全校唯一的一名"正式"教师，我自己孤独地伫立在教育的"四角天空"

之下。就是在这样一个信息闭塞、正式教师不愿"落户"的乡村学校，我开始了"半亩方塘"的耕耘。为了系统、全面地掌握教材，我利用两个暑假把1~5年级所有课本研读了一遍，习题全部做了一遍。在研读教材的同时，我请出差的家人买来了《应用题解题思路指导与训练》《小学数学疑难问题解析》等资料反复学习、研究。五年之后（当时小学还是五年制），我已熟练掌握了小学数学教材的全部内容，能够针对学生情况灵活地使用教材，做到用教材教，而不是教教材。生活中的素材，学生身边的资源、数学小故事都进入了我的课堂。课堂上，例题、练习题信手拈来，典型习题在哪个单元、哪个练习、哪个页码我都能准确无误地说出来，常常让学生惊讶，令同行佩服。

"教材不是学生的全部世界，世界才是学生的全部教材。"我带着学生阅读教材，也读教材以外的书。我们师生共读，既读数学史料，也读数学故事等。阅读是理解，是收获，是思考。我和学生通过阅读，不断地快乐前行。一分耕耘，一分收获。我的学生在收获知识、收获成长的同时，成绩也一直十分优秀。

十年乡村教师生涯，我直面偏见与孤独，忍受寂寞与清贫，用勤奋与苦学打下了扎实而精深的专业基础。十年乡村教师生涯，也让我有了这样的感受：教育，从让学生喜欢你开始。好教师，才有高质量的教学。

1998年，我从农村学校调入南阳市第六小学工作。在调入城市学校的第九天我就参加了"卧龙之春"优质课大赛，并获得了一等奖。从此以后，我脚踏实地，勤奋进取，信守着教学工作"总是比别人多想一点，多做一点"的朴素道理，默默耕耘，很快就融入城市教师的群体。几年后，我就成了影响、带动身边教师的中坚力量。

我深知，教师职业幸福的起点在课堂、源泉在课堂、成功也在课堂。调入第六小学后，我开始审视反思自己的课堂教学，不断地研究探索课堂教学。"把课堂还给学生，发展学生的思维，构建让学生两眼放光的课堂"是我一直努力的目标；"为思维而教，为素养而教，为学生的终身发展而教"是我坚守的教学理念。为了上好每一节课，我常常研究教学设计到深夜；为了上好每节公开课，我常常走在路上想，躺在床上思，对着镜子讲，简直就是"不疯魔不成活"。功夫不负有心人，经过一节节优质课赛的磨炼以及不间断的课堂教学思考，我逐渐形成了严谨规范、扎实灵动的教学风格。学生喜欢我，喜欢我的数学课，我成了他们眼中的"数学家"。

著名学者波斯纳曾经提出一个教师成长的公式：经验+反思=成长。自我反思在成长因素中居于首要地位。反思促使我自觉地开始了与名家近距离的对话，我先后购买了《吴正宪数学教学教例与教法》《邱学华数学教学教案与教法》等名师的著作进行学习，认真研究教育杂志上的教学案例。名家的课例和同行的范例给了我启迪，我在不断的感悟反思与探索中，逐渐形成了自己的教学特色——课堂风格为人文、推理、辩论兼容，致力于培养学生良好的思维品质与思考习惯。我的课堂上常常会出现学生专心思考的静默场景和探讨问题的思辨氛围。经过不断磨砺，我在此后参加的省市观摩课或优质课大赛活动中多次取得了满意的成绩。2000年，我又被评为"河南省首批骨干教师"，在专业发展方面开始步入了快速发展时期。

思行读写 "研"中成长

教育不是改变，而是唤醒与影响，好教师是用自己闪光的灵魂，照亮学生的求知路。1999年，从第六小学调入第十七小学后，我修身躬行，一心研究数学教学；我慎思笃行，写下多篇对教育教学的思考；我醉心课堂，形成自己的教学主张；我实践思考，形成独有的教学特色。

别人的双休日、节假日却是我潜心研究、静心阅读的"黄金日"，我常常利用碎片化的时间完成着系统的工作。每天只休息五六个小时的时间表，列举着苦读与深思并行的日日夜夜，书柜里排列整齐的读书笔记，有摘录，有感悟，有自己那稍纵即逝的灵感，它们见证了我孜孜以求的执着与痴迷！

学习研究是我专业成长的支撑点。调入第十七小学后，外出的机会多了起来。通过外出学习，我聆听了刘保才、郭元祥、叶澜、肖川等众多专家的专题报告，自己也越来越清醒地认识到：要做一个有思想的、教科研全面发展的教师。每天晚上睡觉前读书是我多年形成的习惯，读《给教师的建议》《静悄悄的革命——创造活动、合作、反思的综合学习课程》《人民教育》《教育时报》《特别关注》等。

"半亩方塘一鉴开，天光云影共徘徊。问渠那得清如许？为有源头活水来。"读书让我具备了一些人文素养和理论功底，写作则促进着我的学习。写教育随笔、写读书感悟、写论文、写结项报告、写经验材料、写电视纪录片脚本……在夜深人静之时，有无数个不眠之夜，身为数学教师的我进行着汉字的排列与组合。我的《等出来的精彩》《不要让目标成为摆设》《自主学习 主动建构》等多篇论文分别在《小学教学参考》《小学数学教育》等杂志上发表。我也撰写了《98等于0》《不一样的试卷》《老师请放慢你的脚步》等教育故事。我的《深度卷入的研修》《小组学习——高端研修的实效方式》两篇文章在《教育时报》上发表。

2002年，我所在的区域开始使用课标实验教材，我先后6次承担新教材的培训工作。在教师进修学校的培训会暨"城乡联谊"活动中，我做了"提高小学数学课堂教学实效性的策略""小学教学常规管理有效打开的正确方式"等专题报告，得到了与会人员的充分肯定。2004—2007年，我参与编写《小学生思维品质训练与提高》师生用书共11本。

记得2005年的秋期期末，我接受了编写五年级下册《小学生思维品质训练与提高》师生用书的任务。阴历腊月二十，学校放假，我便投入到紧张的编写工作之中。时间紧、任务重，我顾不得冬天的寒冷，也忘记了新年将至。我白天不敢懈怠，晚上干到凌晨一两点钟，终于赶在除夕当晚，在人们辞旧迎新的爆竹声中完成了任务。正月初三，我按时把审核后的底稿交到了送往北京编排印刷的教师手中。

2015年和2016年，是我成长的又一个转折点。我把自己工作之余的所有时间用来学习、写作，撰写了17万字的文本材料，整理出11万字的成果集。大量的写作，提升了我的写作水平，升华了我的思想深度。

在全心投入的磨砺中，在智慧碰撞、思维共舞的教学中，我心怀虔诚，沉醉其中。2009年，我参加了省级名师的培训和遴选。在为期一周的培训中，我白天听课，晚上看书到12点多，早晨四五点钟就又开始看书学习，结果在400多人的笔试中以优异的成绩进入前120人的演讲答辩环节，并顺利通过"省级名师"考核。成为省级名师后，我的读书、教书生活看似依旧，但越来越自如的写作似乎告诉我，成长的脚步始终未曾停止过。

2015年5月，经过区推荐、市选拔，我有幸成为"中原名师培养对象"。我们培训的基地在浙江师范大学。2015年7月的首次中原名师培训就让我深感肩上责任之重大。在五年的中原名师培育中，我始终不忘中原名师的发展目标——锤炼教学技能，凝练教育智慧，形成教育思想，实现从"教书匠"到卓越教师的转变——并以此激励自己不断成长。在浙师大培训期间，经过思考，我撰写了《练就"四能"，助推成长》。学习加反思，使我对自己的专业能力发展有了明晰的规划——要做"四能"教师。这一观点被中原名师项目办发表在《中原名师成长家园》上。浙师大培训归来后，我开始了新的实践、反思、总结。经过充分思索后，我在原来的基础上，加上"能写作"这一能力目标，把原来规划的"四能目标"拓展为"五能目标"。因为我认为教是本，学是根，研是源，写是道，讲是术，只有具备这"五能"，才能真正成长为中原名师。至此，我的专业发展目标更为明晰：做师德、师能同铸，教学、科研并进的"五能"教师。

明确的目标是成功的起点，清晰的规划是成长的保障。根据《河南省教育厅关于深入推进中原名师培育工程的通知》精神，我着手编制个人发展规划。在充分分析自身发展优势、审视自身不足的基础上，我提炼出自己的教学主张，并以此作为制定个人发展规划的核心目标与任务，制定了7000多字的六年发展规划和3000多字的年度发展规划，列出了详细的规划量表。具体、可操作的发展规划，清晰的整体工作目标和阶段性的研究与实践目标，为我成长为"中原名师"奠定了坚实的基础。

规划是一种设计，目标是一种愿景。规划+行动、目标+实干才能不断提升素质，最终成就卓越。

"鸟欲高飞先振翅，人求上进先读书。"深厚的理论素养、完备的教育思想体系是名师的标志之一，而学习是达成这一目标的首要手段。我结合自己的教学主张，树立"有心、用心、恒心"的学习观。我读的书的内容以"目标化教学"为主，辅以其他方面的书籍。我认真阅读了《带着目的教与学》《布卢姆教育目标分类学》《跟苏霍姆林斯基学当老师》《教师如何做课题》《教育是慢的艺术》《数学史》等书。

如果说阅读使人美丽，那么写作让人睿智。因为写作的过程也是厘清思路、发现问题、明确方向的过程。在"多思勤记"的写作观下，我撰写了《冰冷的美丽》《用学习目标构建教学课堂》《阅读，教师成长的必需》等读书报告，每篇字数都在5000字以上。2016年3月，在又一次参加了浙师大的培训后，我撰写了将近9000字的研修报告《烟花三月再出发》，全面总结了在浙师大培训的所学、所见、所思、所悟。

教育科研是名师成长的必由之路，是把思考和实践融合在一起的有效载体。在"基于问题解决"的科研观的引领下，我牢固树立"工作课题化、课题工作化"的理念，立足实践进行研究，用研究服务教学。2018年，由我主持的课题"科研导向下的名师成长实践研究"的研究成果直接转化为图书出版，转化后的图书《名师成长的密码》出版后，立即成了热销书，很多学校把这本书作为共读书目。从读书到写书，我的成长又向前跨了一大步。

我的主要研究方向为小学数学教学、小学教师教育。自2012年开始，我带领工作室成员围绕"小学数学自主学习目标体系建构"开展了系列研究。经过查阅大量文献资料，我围绕"目标化"的教学思考，撰写了2万多字的文献综述，完成了"小学数学自主学习目标体系建构研究"课题的论证立项工作。2012—2016年，我带领成员进行目标教学的集中研究，不仅完成了上述课题的研究，还完成了《细化小学数学教学目标的实践研究》。两项省级目标课题顺利结题并获奖后，我开始带着成员继续聚焦课堂进行教学研究，经过多年积累沉淀，形成了"突出数学本质，发展学生思维"的教学主张。我所撰写的第二本书记录了关于教学主张的一些思考。

在日常教育教学实践中，我做到了善思考、多提炼、勤总结，围绕研究课题、教学主张开展研究、撰写论文、整理成果。我曾带领工作室成员对人教版小学数学12本教材的课时目标进行了细化，并设计出了与目标相匹配的自学指导设计，整理、汇总、编印成将近12万字的成果集。我在不断提升个人研究能力的同时，指导更多的教师进行教学研究，先后受邀到多个县市、国培班、进修学校做"一线教师如何进行课题研究"专题报告，受到了参培教师的一致好评。鉴于在课题研究方面的成绩，我多次被聘为课题鉴定评委。长期的不间断的写作，50多万字的文章以及13项研究成果，无不流淌着我赤诚的教育情怀……

2016年8月5日，我迎来了人生难忘的时刻：通过层层考核，我主持的工作室以实地考核第一名的成绩获得了"中原名师"称号，来自浙江的考核组专家这样评价我："这是一位有思想的名师。"在教师节，我和其他15名中原名师一起，受到了河南省原省委书记谢伏瞻等领导的接见。同年10月，我作为中原名师代表之一登上了浙江师范大学名师论坛演讲台。自此，我实现了又一次成长的大跨越。

搭建平台　辐射带动

"每一次成绩都是一次清空。"理性的思维告诉我，中原名师是一个称号，更是一份沉甸甸的责任。我要以此为起点，搭建一个平台，助力更多教师成长。这个平台，就是"中原名师李付晓小学数学工作室"。一流的名师工作室，需要一流的规划、一流的管理、一流的成效。从工作室成立那天起，我和我的成员们就下定决心，一定要成为最好的！我们以课堂教学为切入点，以教学研究为着力点，以课题研究为支撑点，以读书学习为增长点，努力把工作室建设成成长的平台、展示的舞台、研究的基地、示范的窗口、辐射的中心、名师的摇篮。

在我的带领下，工作室成员集思广益，共同设计出工作室标志，提炼出工作室工作理念，确立了工作室工作重点，明确了工作室目标定位，开展了一系列扎实、有效的专业发展活动，这为达成建设一支师德高尚、理论水平高、学科造诣深厚、业务技能精湛的"五能"教师团队的目标奠定了基础。

我现在主持两个名师工作室，并在农村成立了工作室分室。其中，"中原名师李付晓小学数学工作室"是省级名师工作室，有30名成员，成员来自河南省内不同的学校。将近60平方米的工作室，成了我和我团队的教师筑梦的空间。在这里，我带领他们研究教学、研究课堂，督促他们读书学习，指导他们研究课题。

"独行快，众行远。"在提升个人素质的同时，我把辐射带动更多教师走向专业化发展之路作为自己应尽的职责。自2017年开始，根据河南省教育厅相关文件要求，我们工作室又承担了省名师、省骨干教师的培养任务，即每年要培养15名省级名师、省级骨干教师。工作室现已培养了27名省级名师、49名省级骨干教师。我希望我的工作室能培育出更多能上课、能学习、能研究、能写作、能讲座的"五能"教师，进而惠及更多的学生。

为了这一目标，我和我的团队一直努力前行，我们送教下乡、送培下县、跨区研讨。我带领团队成员先后到郑州市、许昌市、平顶山市等地进行学术交流，真正发挥名师的辐射、带动、引领作用。成长无假期，工作室的研讨活动一般在双休日或节假日，常常有爱学习的教师闻讯而来。2017年9月30日，我们工作室举行的"核心素养下的数学课堂研讨活动"有600多名教师参与，像这样的活动，我们已举办了很多次，许多教师因此受益。

"没有最好的个人，只有更强的团队。"近几年，我和成员一起快速成长。作为名师工作室的主持人，我先后到金华、衢州、巩义、开封等地做专题交流，为在校大学生、新入职教师做"爱与责任""我的成长我做主""如何上好微型课"的专题报告，为骨干教师、名班主任做"悟智慧课堂之本，行智慧课堂之道""构建自己的成长方程式"等主题报告，为数学教师做"小学数学课堂教学十问""从理论到实践：基于数学课程核心素养的思考与实践"等专题报告。参与式、体验式的培训模式深受参培教师的喜爱。原南阳师范学院文学院国培专干李艳梅老师对我给予高度评价："您的参与，让我们的工作变得更有意义。"在这个过程中，工作室成员的教学能力、研究能力、学术修养也都有了明显的提高。工作室一半以上的成员参加了省、市级优质课赛，工作室成员人人都承担了课题研究任务，8名成员成长为国培教师，多次外出做报告。工作室辐射带动了区域内教师专业素质的整体提升。

"真想把一天当两天用。"从教三十多年，从让学生成才，到为同行铺路，我一直奔波在路上。节假日我奔波于南阳师院、南阳理工学院、进修学校和各个乡村学校，承担教师培训工作，再忙再累也坚持通过微信、QQ群和电子邮件和来自各地相识或不相识的老师进行交流研讨。

"我是周口的岳敏，感谢您给我指点迷津！喜欢您，您一点名师的架子都没有。"

"我是许昌的农村教师。您的报告真实用，您所讲的，正是我们需要的，谢谢您！"

"孩子现在上十三中了，数学依然是他的最爱，感谢您在他心中播下兴趣的种子。"

"师傅，遇见您，真好！每次见到您，总想亲切地喊一声师傅。每次与您对话，总是内心平和，感悟颇深。"

"师傅，是您让我的工作轨迹发生了改变，从分校校长到教师，重回讲台，重燃激情。我一定会沿着师傅引领的方向不断前行。"

……

每当看到一条条这样的短信，我就会感到温暖快乐，知足与幸福在眉眼间流淌。我觉得自己很荣幸，我遇见了一颗颗珍贵的心。"老师，祝您节日快乐！"……每当节假日，我都会收到来自不同地方的老师发来的祝福。"老师"这一早已熟悉的称呼，于我而言，变得意义大不同，它是一份幸福，一份担当，也是一份责任。

让课堂有温度，让灵魂闪光芒，是我一直追逐的梦想，也是我三十多年如一日，始终充满热情、充满动力的源泉。三十多年来，我为青年教师铺路，影响着一批又一批的教师向上、向善。三十多年来，固然有着别人无法理解的艰辛，但也有着别人无法体会到的幸福。这份幸福，源于爱，源于责任，源于一份教育情怀。

"汗水与硕果共存，荣誉与鲜花同在。"在国家教学名师、中原教学名师、河南省教师教育专家、中原名师、特级教师等一系列荣誉背后，皆是我汗珠落地的碎响与逆风而行的飞翔。

奋斗有幸福，创造无止境。

我深知，专业成长没有过去时，没有将来时，只有现在进行时。现在的我比任何时候都更努力、勤奋，因为越向前走，就会越觉得自己有更多的瓶颈需要突破；越往前走，就越会觉得自己在学术面前如此渺小。超越自我，永远在路上。

我明白，成长之路虽崎岖不平，但依然要努力前行。努力为更多的教师铺路，让更多的孩子受益。这个过程会很艰辛，但沿途的风景会很美丽。做思考的行者，迈坚定的步伐，再难的路也会变成阳光大道。

我坚信，纵使路有千万里，心中有梦便是坦途。

构建起自己的成长方程式

散文家林清玄说："花开是一种有情，是一种内在生命的完成，这是多么亲切呀！使我想起，我们也应该蓄积、饱满、开放、永远追求自我的完成。"成长是生命最好的姿态。美国著名的教育家、哲学家、心理学家杜威说："生命就是发展；不断发展，不断成长就是生命。"作为教师，只有自己成长，才能引领学生成长。

那么，成长是什么？

一、我眼中的"成长"

成长是自我否定，成长是一种较量，成长是一种荣耀，成长也是一种幸福。成长需要"熬"，成长也需要"逼"，成长同样需要平台。成长为己，只要你想成长，没有人能阻挡你前进的脚步，而荣誉则是你成长路上的副产品。

成长是拒绝打折的，我们来看一组数据：

$0.5^5 \approx 0.03$，$0.5^{10} \approx 0.000977$

$1 \times 1 = 1$，$1 \times 1 \times 1 \times 1 \times 1 \times 1 \times 1 \times 1 \times 1 = 1^9 = 1$，$1 = 1^n$

$1 \times 1.01 = 1.01$

$1 \times 1.01 \times 1.01 \times 1.01 \times 1.01 \times 1.01 = 1.01^5$

$1.01^{100} \approx 2.705$

$1.01^{1000} \approx 20959.16$

$1.01^{2000} \approx 439286205.05$

您从中受到了什么启发呢？这些数字告诉我们，在成长的路上，如果每次的努力都打对折，十次之后，进步几乎为零，也就是没有得到一点成长；如果每次都完成了任务，但应付性地完成，是没有进步的，因为1的n次方仍然是1；如果每次或每天多做一点点，2000次后奇迹就发生了，变化巨大。所以，成长需要多想一点儿，多干一点儿。成长就是一点一点的积累，一点一滴皆成长。久久为功，我们终将成为更好的自己。

作为教师，我们既然选择了走专业发展之路，既然注定了要坚守教育这片土，就要有坚定的信念，更要有努力成长的愿望。

庸者在埋怨，智者在改变。改变，即成长！

成长是为了使自己有价值。只幻想不行动，就不会品尝到收获果实的喜悦。要让自己有价值，就需要努力成长。人的一生可以完成多次的成长。我们身边许许多多优秀的教师，在自己教育生涯中完成了多次成长，但也有教师一次成长都没完成，"倒"在了成长的路上，得过且过。如果没有成长，何谈个人价值的实现？外部环境我们无法改变，但我们可以改变自己，我们能做到的就是努力向上成长，在成长中收获思想、收获智慧。

持之以恒，久必芬芳。不经历风雨，何以见彩虹，虽然成长的过程是艰辛的，但结果却是美丽的，荣誉则是成长路上的副产品。看优秀的人，大家往往看到的是表面的荣光、背影的洒脱，却不知荣誉背后的思考与进取浸透了奋斗的汗水，尤其是专业方面的每一次精进，都伴随着无数汗珠落地的碎响和咬牙坚持的前行。

成长是为了赢得职业尊严。近几年，越来越多的地方教师工资不低于公务员，部分地区已实现高于公务员。乡村教师还有专门的生活补贴。国务院教育督导办还向各省（市、区）发出提醒函，要求各地持续落实义务教育教师工资收入"不低于"政策。与此同时，许多教育部门全面清理和规范各类检查、考核、评估以及与教育教学不相关的社会性事物，减轻教师的负担。这些利好的措施会大大提升教师的幸福感。但是，最终要想赢得教师这个职业的尊严，还需要教师自己有实力、有能力。

作为教师，我们应该怎么做？站在三尺讲台上，我们是教师、是课程。我们的行为从小处说是影响一批批学生，从大的方面说是影响国家的未来。教师不思进取，怎能教出积极向上的学生？我们的身边有无数的教师，他们用自己的优秀影响着学生，用自己的智慧成就学生的智慧，做出了不凡的成就，得到了广泛的认可，赢得了职业的尊严，享受到了为师的快乐。

师者自有师者之乐。作为教师，我们坚守一线，在日复一日、年复一年的"输入"与"输出"中享受成长之乐，获得幸福感觉。当看到学生课堂上两眼发光的样子时，我们就会有小小的成就感；当听到家长一声声真诚感谢的话语时，我们就会有职业的幸福感；当分享的观点激发了其他教师前行的内驱力时，我们享受到了职业的幸福感；当培养的教师成为名师、骨干教师发挥带头作用时，我们享受到了职业的幸福感；当在学术交流会上发出属于自己的声音时，我们享受到了教师的职业尊严……这不正是作为教师的价值所在吗？

成长，任何时候都是起点。中国现代教育专家成尚荣先生说："人生没有统一的深度和高度，也没有统一的进度和速度，全在自己努力，不管什么时候开始，你努力了，达到自己的高度才重要，把握自己的进度才合适。"前行的路上，我们需要给自己一个高度，世界会还给我们一个尺度。

我过了不惑之年才开始自己的第二次成长。"盛年不重来，一日难再晨。"近几年，成长的紧迫感日益强烈，促使我开始努力地"补课"——读书、写文、做研究，时时刻刻提醒自己要努力追赶奋进的步伐、时代的潮流。

追赶奋进的步伐。走在教师队伍最前面的优秀教师，他们每一个人都是发光体，自带光芒。他们影响着一批又一批教师，培养了一批又一批学生；他们每个人也是循着光亮的前行者，把提升自己当作生命的必需，把培养优秀教师当作己任。他们是榜样、是标杆。晚上十二点多，在中原名师交流群里仍然可以看到有人在学习、写作、研究；凌晨三四点钟，还有人在奋笔疾书；为了写稿，晚上写累了就睡一会儿，醒来继续写，他们执着而坚定地前行着……追赶优秀，成就自己，成全他人，让别人走得更好。

追赶时代的潮流。学为人师，行为世范。教师是一个需要终身学习的职业。教人求真，己先求真。快速发展的时代促进了教育的变革，为师，只有与时俱进，与学生一起拥抱新技术，与学生同成长，才能培养出社会需要的人才。在追赶学习的路上，我们可以享受读书的惬意，享受研究的快乐，享受课堂的精彩，享受成长的幸福。

成长是一种生命的自觉，是对自己的负责。想成长，年龄不是问题，时间不是问题，一切都不是问题。只要想成长，任何时候都是起点，起点是自己把握的，成长与幸福都握在自己的手中。

成长，是为了更好坚守。我愿做一棵树，深深扎根于脚下这方沃土，日日成长，年年向上，静静地汲取前行的力量，幸福成长，渡人亦渡己。如此，甚好!

二、我的成长方程式

成长需要不间断的、持之以恒的努力，才能达到一定的高度。成长的高度不同，看到的风景就不同。

那么，怎么成长?

首先就是要构建自己的成长方程式。所谓的成长方程式，就是以成长为目的，具备的要素之和。有一个著名的方程式：意图+努力+恩典=成功（成长）。在这个成长方程式中，第一个要素是"意图"，也就是愿景，人有了愿景才有方向。没有目标的生活，就像没有目的地的航行。没有愿景的生活，就像没有目的地的旅程。在这个成长方程式中，第二个要素是努力，如果我们的目标非常清晰，却没有足够的热情去付诸行动，愿景也是不会实现的。人的成长需要努力，连续不断的努力。当我们拥有了意图，付出了努力时，那么第三个要素会伴随而来，那就是恩典。恩典也可以称为运气。

美国心理学家波斯纳提出了教师专业化成长的公式：成长=经验+反思。波斯纳的这一公式提醒我们在获得感性经验的同时，要进行理性的思考。叶澜教授也曾说："一个教师写一辈子教案不一定成为名师，如果一个教师写三年反思有可能成为名师。"反思是教师专业化成长的必由之路。

稻盛和夫是日本两家世界500强企业京瓷和KDDI的创始人，被誉为日本经营"四圣"之一，是稀有的既是企业家又是哲学家的人物。他说，想好好活，就得好好干，工作就是提升心志、磨炼人格的修行。他提出了一个著名的成长方程式：人生的结果=思维方式×热情×能力。这个方程式重要的因素是思维方式。思维方式是人们的理性认识方式，是思考问题的根本方法，是看待事物的角度、方式和方法。它对人的言行起决定性的作用，可指人生的态度，包括意识、理念、理论和思想等，有方向性的作用。这个方程式的关键是乘法，只要一项是零，其结果就是零。如果是加法，少了一项还有所得。这里的"能力"

有先天因素，包括人的智商和身体，不仅指聪明的头脑，还包括强健的体魄。思维方式正确，用热情加上努力就会取得成功。

极度认真工作，能带来不可思议的好运；极度认真工作，能扭转人生。在不断的实践中，我也构建了自己的专业成长方程式。我的成长方程式是：专业成长=实践力+学习力+研究力+表达力。

（1）实践力。作为教师，我们的实践力包括教学能力、教育能力等。

（2）学习力。所谓的学习力就是学习的动力、毅力和能力。可以说学习力就是竞争力，它决定人生的高度。

（3）研究力。研究力是对教育教学研究的能力。显性的研究成果、强烈的研究意识、较高的科研素养都是研究力强的标志。在日常的教学工作中，作为教师，我们要研究学情、研究课堂、研究教学问题等。研究力应是专业成长的核心素养，我们应不断研究。研究能力强的教师一般不会有职业的倦怠感，而会享受到成长的幸福。

（4）表达力。用外部的行为把自己的思想表达出来的能力就是表达力。表达力应是教师的基本素养，优秀的教师其表达能力也不会弱。

有调查分析表明，现代教师的幸福指数并不高。有一项教师问卷调查显示，有幸福感的教师占31.2%，40.5%的教师没有幸福的感觉，28.3%的教师觉得喜忧各半。另外一项统计显示，教师职业倦怠率已达60%。于我而言，专业成长就等于人生幸福。因为专业成长、专业发展，就意味着知识的增加、能力的提高，还意味着教育情怀的丰盈，意味着人生境界的提升。所以，在工作中，我一直努力提升自己专业成长的"四力"（实践力、学习力、研究力、表达力），追寻教师职业的幸福感。

三、如何构建自己的成长方程式

专业发展，有规律可循，有路径可走。我们可以从四方面入手：提高实践力、提升学习力、锻炼研究力、训练表达力。

（一）提高实践力

这里的实践力主要是指"教"的能力，即提高自己的教学能力。会上课、上好课是我们专业发展的根本。我们所有的学习、研究、交流都是围绕着"教"、服务于"教"。我们每一天都要"教"，都在"教"，理应追求"今天要比昨天教得更好，明天比今天教得更好"。常言道：课堂是教师的一亩三分地，如果不能站稳讲台（课教不好），教师这碗饭很难吃得好，也就不会有教师职业的幸福感。教师要站稳讲台，需要不断提升实践能力，具备较强的实践能力。

1. 要有过硬的专业知识

提高实践能力，首先要有过硬的专业知识，也就是业务基本功。语文教师要有阅读和写作能力，数理化教师要有解题能力、实验操作能力，体音美教师要有专业技能，等等。为了提升教师的专业技能，很多学校举行了专业能力测试活动。例如，"师生同测"活动，即学科教师和学生一起做试卷；"教学设计水平测试"，即教师根据教学内容，在无教参情况下进行教学设计。此外，还有说课比赛、微型课竞赛、专题论坛等活动。这些业务活动能够促进教师熟练掌握专业知识，提升教师专业能力。

过硬的专业知识，即本体性的知识、学科专业知识，既包括学科的基本知识技能，也包括学科的基本理论和学科体系等。现实的教学中还存在缺乏本体性知识的现象，这影响了教学效果，更不利于学生的成长。作为教师的我们需要边实践、边学习、边提高，以促进自身实践能力的提高。

2. 要"读透"教材

同样的教学内容，不同的教师上出的课深浅不一。有的教师设计巧妙，主线明晰，课上教师引导，学生积极思考、表达，方法由学生总结，规律由学生发现，结论由学生得出，学生在体验中、感悟中深刻地学习。这样的课堂是"学堂"，不是"讲堂"，是由学生展示，而不是由教师展示。反观有些课堂，气氛沉闷，学生无精打采，教学效果不尽人意。之所以会出现不同的教学效果，主要原因之一是授课教师对教材研究、分析的视角不同，对教材的挖掘不同、理解不同。

方法的问题其实是内容的问题，当教师能透彻地理解教学内容，就会采用相应的教学方法。读懂、读透教材是上好课的基础。一名优秀的教师，首先会深入地分析、研究教材，在读懂教材后进行教学活动的设计。这样的设计针对性才强。凡是课堂教学水平较高的教师，对教材的理解也是深刻的、独特的。提高教学实践能力，要从研究教材开始，把研究教材、读懂教材作为重要的教学工作。

教师在研究教材时，不能把教材作为唯一课程资源，要挖掘教材、剖析教材背后的内容。

3. 要创新教学方式

虽然教无定法，但教有方法。当读明白教材后，教师就要琢磨学与教的方式。好的教学方式是"术"，能使课堂效率提高。我们一起来了解一下"传奇教师"孙维刚的教学方式。

一个普通的数学教师，却成为一代教育大师。学生课前不用预习，课上没有笔记，课后没有作业。孙维刚到底靠什么呢？他说："我给学生出一道题，自己要先做10道题，从中选出最精彩、最典型、最能启发学生思维的。"他共有几十本解题笔记。他为学生开创了解题的"三级跳"：一题多解、多解归一、多题归一。

他采用的教学方式如下：第一，几乎每道例题、每个定理、每个公式都是引导学生自己动手完成的。第二，在课堂上创造学生总是想在教师前面、向教师（包括课本）挑战的氛围，让学生在思维运动中训练思维，让学生讲，促进学生之间聪明才智的相互传递。第三，从数学学科特点出发，指导学生注意追根究底，寻找知识之间的联系和规律，在比较中学习新知识，站在哲理的高度思考问题，注重联想。第四，在解题中指导学生一题多解、多题归一、多解归一，归纳共性、分离个性，并总结出了一套科学有效的解题规律。第五，提倡和指导学生开展问题研究，练习写论文、写总结。第六，要求学生在完成作业后，进行回顾、总结、反思。第七，鼓励学生讲"理"，引领学生凡事需问"所以然"。知其然，更知其所以然，凡事都要问一个为什么。鼓励学生勇于探索，大胆创新，各抒己见，展开争论。孙老师认为，教师给学生讲题，如果只把题目的解法过程一步一步讲清楚，哪怕再细致明白，如果讲不出这些解法步骤是怎么想出来的，对提高学生的解题能力，效果是不大的，甚至会起消极作用。教师要讲清楚自己当时的思路和想法，学会反思，学会提出问题、解决问题。

孙老师的教学方法被称为"结构教学法"，注重知识的比较和联系。正像他所说的："八方联系，浑然一体，漫江碧透，鱼翔浅底。"这种教学方式是在发展学生的学习能力，培养学生的思维能力。所以，孙老师创造了教育

"神话"。

著名的特级教师吴正宪老师长期致力于小学数学教学研究，提出了"让儿童享受好吃又有营养的数学"。她的课堂，总是从学生的学习起点开始，让学生去发现、去质疑、去辩论。听一节课，学生就爱上了她的课堂，想让她做自己的数学老师。她创造了学生喜欢的课堂，她的数学教学被称为"爱与美的旋律"。

"课比天大"，著名特级教师华应龙提出了"化错教育"，采用"朝花夕拾"的化错教学策略。他的课堂总是给人眼前一亮之感，其创新的设计深深地吸引着学生，灵动、智慧的课堂让学生迷恋。已到下课时间，可他教的学生说："抗议、抗议，不想下课。"他借班上课的学生说："跟您在一起的时间越慢越好。""我想让这样的课一直上下去。""下次您还选我们班上课吧！"由此可见，华老师的课堂是多么有魅力，学生是真心喜欢这样的创新课堂。

以上名师的共同之处在于培养学生的学习兴趣，落实学为中心的理念。让学生喜欢我们的课堂，喜欢我们所教的学科，不正是我们所追求的吗？因此，我们要在实践中思考改变，不断优化自己的教学方式，形成自己独特的教学风格。特级教师刘永宽说："要让你的课成为连续剧，让学生看了上集想下集。"国家级教学名师贾友林说："不要穿他人的衣裳，要穿自己的衣服。""课堂是不可复制的。"研究课堂教学、凝练教学风格需要持之以恒努力做下去。

4. 多上公开课

上好公开课是一个教师教学能力的重要体现。曾有人在教师中做过这样的调查，请您思考：您经常听别人的课吗？您喜欢听别人的课吗？您愿意上公开课吗？当您到了40岁，还愿意上公开课吗？答案中只有个别教师愿意上公开课的。很多教师是不太愿意上公开课，他们说的理由最多的是：年龄大了。

"量大才有力量"，特级教师余映潮老师如是说。余老师50岁以后才开始上公开课，但他却创造了丰富的教学案例，迄今为止，他已经上了将近300篇课文的公开课。50岁以后，他常常暗自与名师、大师较劲，一定要在"量"上超过他们。从余老师身上，我们汲取了向上的力量、奋进的力量，也看到了积累的重要性。

每一次上公开课都是一次跨越成长。我回顾自己上过的公开课，至今仍然记忆犹新。我开始上公开课，尤其是参加优质课赛时，对于课堂上要说的话几乎是一句一句打磨，然后反复地练习，对着镜子一遍一遍地练，借班练、自己对着镜子练，直至记住课堂上要说的每一句话，大概许多教师也有过类似的经历。这样的磨课过程，虽然可以规范我们的课堂教学行为，但上出的课不是有活力的"真课堂"。

上课容易，但上一节好课并不容易。上课时，教师的肢体语言是少不了的，而在公开课上，教师更要规范自己的肢体语言。1992年，我第一次参加县级优质课赛，在试讲时，学生回答问题后，我掌心向下请学生坐下。在下面听课的老校长在课后说："你应该掌心向上，表示对学生的尊重。"她边说边优雅地做了示范。这个动作，让我至今难忘。从那以后，在我的课堂上，掌心向下的"请坐"动作再也没有出现过。

公开课是提高教学能力的一条有效途径。每一节公开课，包括常态课，我们都要敢于打开教室门，让同事听自己的课，让家长听自己的课，虚心地听取建议，悦纳不同的意见。并且要踊跃抓住上公开课的机会，因为每上一次公开课都会促进我们花费更多的时间去研究教材、去查阅相关资料、去请教别人，也会得到别人的指导。一次公开课，就是一次教学能力大提升的机会。正是一次次公开课的历练，才使我们的教学能力得以提升。从开始的"上教案"，到驾轻就熟地驾驭"生成的课堂"，需要的是多历练。多上公开课，才能上好课，实现专业的精进。

关于"教"的实践能力提升，我们要在教的过程中形成自己的教学风格，提炼教学主张，上出特色课，上出体现研究方向的课，做一名能教、善教、会教的教师，这是成长的根本所在。

（二）提升学习力

何谓学习力？学习力是由美国弗瑞斯特教授于1965年提出的，多指学习动力、学习毅力、学习能力和学习创新力的综合，是人们获取知识、分享知识、运用知识、创造知识的能力。有国内学者认为，学习力主要指记忆力、理解力和内驱力，表现在学会、会学、乐学。

学习是我们专业发展之根。北京史家胡同教育集团王欢校长说："只有教师好好学习，学生才能天天向上，只有教师好好学习，教育才能天天向上。""学然后知不足；教然后知困。知不足，然后能自反也；知困，然后能自强也。"何以"自强"？唯有学习。学习不是短暂的、片刻的，不是在某一时期、某一阶段、某一个培训班、某一个研修班上发生的，而是要贯穿教学生涯始终。教师要有终身学习的意识、能力和习惯，保持学习状态，持续学习、终身学习。爱学习的教师才能培养爱学习的学生。

人民教育家于漪老师说："与其说我做了一辈子教师，不如说我一辈子学做教师。学做老师，终生都在学习怎么做一个好老师。"做好老师，要终身学习。学习既是一种养根的行为，又是为跨越积蓄力量。孟子曰："君子深造之以道，欲其自得之也。自得之，则居之安；居之安，则资之深；资之深，则取之左右逢其原，故君子欲其自得之也。"深造，让自己有所获、有所得，提升自己的素养。

怎么学？

（1）有选择、系统地学。时代的快速发展，大数据为我们的泛在学习提供便利，只要想学习，可以随时学。现在也是自媒体时代，除了专业的报纸、杂志、专业书籍，网上的视频资源、文字材料等也非常多。我们不能被"乱花迷眼"，要有目标、有选择、系统地学，按照自己的节奏成长。例如，如果我们想研究如何有效地设计学习活动，我们就可以在一段时间内，集中阅读相关的书，查找相关的资料进行研读，从而对这方面的内容有一个系统的了解，帮助自己深入研究，当然，也可学习其他我们认为有价值的内容。我们要聚焦主题，深入学习，实现学习价值的最大化。否则，我们看到什么都想学，零散地学习，不利于我们对问题的深刻理解。

常有教师问我应该读什么样的书，希望我给他们推荐一些书。读书要因自己的情况而定。我的选择是先读学科教学实践方面的书，再读专业理论书。读学科领域的专家、一线优秀教师的书，可以让我们领悟实践中出的真知。在此基础上，我读国内外专家、学者写的教育教学方面的理论书，以高站位理解自己的学科教学。当然，在选择读教育理论方面的书时，我选与学科相关的书多一些。在选择视频资料学习时，我主要选择名家的课和报告学习，以不断更新自己的思想理念。

（2）读书，向书本学习。著名教授钱理群说："什么是教育？就是爱读书的校长和爱读书的老师，带领着学生一起读书，就这么简单。"向书本学习就是要多读书。

读书学习可以增加我们的文化底蕴，文化底蕴可以说是我们专业发展的前提条件。一位教师的课上得是否丰富、深刻与他的文化底蕴是否深厚是相关联的。具有深厚的文化底蕴也是成为优秀教师的前提条件。肖川教授说，一位优秀的教师等于一个优秀的人。成为一名优秀教师，第一受益的是自己，第二是你的孩子，第三才是学生，第四是学校，第五是社会。

选择了做教师，就要终身学习，不断提升学习力，为积累智慧而读。我们每一位教师都有一条便捷而有效的成长途径，那就是阅读。

余映潮老师说："积累之趣，让你的思绪灵动，让你的眼中和心中有着无穷无尽稀奇的事。"坚持积累，及时沉淀方能走得更远。散文家余秋雨先生说："读书的最大理由是摆脱平庸。"北宋著名文学家黄庭坚说："一日不读书，尘生其中；两日不读书，言语乏味；三日不读书，面目可憎。"

教师爱读书才能培养出爱读书的学生。文学家欧阳修说："立身以立学为先，立学以读书为本。"特级教师李镇西读过的书不计其数，他不管到哪里都要带两本书，有空就读，即使在火车上、飞机上他也捧着书读。把学习当成工作的一部分，当成生命拔节的需要，就要做到手不释卷。谈永康老师在《做一个幸福的教师》中写道，永远不要等有时间才阅读，见缝插针，想读就读；永远不要坐进书房才阅读，任何地方都可以阅读；永远不要有用才阅读，急功近利、立竿见影是妄想；永远不要嫌自己读得太晚，只要行动，就有收获。

读书是站在巨人的肩膀上前行，凡是优秀的教师都是爱读书的。安徽省合肥市第六十二中附小的小学语文教师薛瑞萍老师说："站在讲台上，我就是语文。"这底气来自她的专业素养，有这份底气是因为她读了很多专业的书籍，有人形容她"胸中沟壑有无数传奇，眼角眉梢都浸染了唐诗宋词"，她张口唐诗、闭口宋词的学科气质正是得益于读书。作为教师，想让学生张口侃侃而谈，下笔洋洋洒洒，想让自己赢得职业的尊严，不误人子弟，唯有专业成长，归根结底还是要读书学习。

① 读什么？

没有丰富的阅读，就没有深厚的成长。学习，要"读"占鳌头。那么，我们读什么书？要做到"四读"，即读教材、读理论书籍、读专业书籍、读文哲史。凡是优秀的教师都是熟知教材的。教材是我们必读、常读的书，必须读好。阅读不能仅限于读教材、读教参、读教辅用书，这是小备课之需，还应该有大备课的阅读。苏霍姆林斯基说："这就是读书，每天不间断地读书，跟书籍结下终生的友谊。潺潺小溪，每日不断，注入思想的大河。读书不是为了应付明天的课，而是出自内心的需要和对知识的渴求。"文哲史也要读，可以开阔我们的视野，让我们笔下的文字、我们的课堂多几分灵性和灵动。教育理论书籍要常"啃"，我们要做专家型教师，儿童文学也需多接触，我们要努力走进学生的心灵。

在日常教学中，我不仅自己读，也带领工作室成员、培育对象读，经常给他们推荐阅读的书目。我们既读书，也读专业杂志。因为从教育杂志上，我们可以更快地了解、掌握一些新的教学理念。我们的读书是有计划的，读什么书、读多长时间，提前计划好，"逼"自己按时完成读书任务。展卷有益，日积月累，就可以聚沙成塔、集腋成裘，使涓涓细流汇成大河。经常阅读为我们打开学科视野，为我们提供源源不竭的智慧源泉。

② 怎么读？

固定的时间做固定的事，可以让我们的学习更有规律，并且能提高效率。我们要尽可能养成良好的读书习惯。一般情况下，我每天早晨5点多开始读书，晚上一般都是先读一会儿书，让自己进入学习、思考的状态，再写一些文字。

"少年读书，如隙中窥月；中年读书，如庭中望月；老年读书，如台上玩月。皆以阅历之深浅，为所得之深浅耳。"这是古人谈的读书的三个阶段。而我的读书有"四法"：跳读法、啃读法、回读法、读摘法。跳读法，也是泛读法，是在读一些文史类书时使用的读书方法。读这类书，我把注意力放在主要观点和具有启发性的语句上，对那些我认为不重要的内容则快速浏览过去。啃读法，也称为精读法、品读法。这种读书方法是我常用的方法。在读专业方面的书时，我常常就是用这种方法，一边读一边悟，批画重点，并把思考、感悟及时记录在书的旁边，以备之后翻看回忆。这种读书方法要慢一些，但收获大，感悟更深刻一些。回读法是在读一些我认为是"打底子"的书时常用的方法。有些书读一遍后，我觉得对自己的成长帮助大，就会再重新读，每读一次就会有新的感受、新的收获。读摘法也是我常用的读书方法，是真正的不动笔墨不读书，边读边摘录。这种"笨笨的"读书法好处在于读完一本书后，翻看摘记就能重温书中的重要观点，把书读"薄"了，这样也方便内化。

读书的方法因人而异，不管我们用什么样的读书方法，都要带着思考，实现在阅读中拓展、在阅读中积淀，最终达到提高素养的目的。

（3）反思，向自己学习。取长补短是取别人之长补己之短，但我们也可以扬自己之长，补自己之短。善于反思总结，让自己做得好的方面发扬光大，这就是向自己学习。比如，有教师几十年如一日地写读书笔记，每本读书笔记都标记了页码，还会在笔记本的前面几页写上目录（重要观点、感悟的页码），方便查找学习，并另外准备一个灵感笔记本，随时记录稍纵即逝的灵感和一些想法。这些做法可以帮助他不断积累沉淀，使思想火花留存下来。这些零散的"珍珠"，如果穿起来，使之形成系统，就会让我们变得越来越有思想。德国哲学家黑格尔说："人是靠思想站来起来的。"作为育人者，首先要有自己的思想，才能教出有思想的学生。

自我反思就是一种有效的自我学习方式。荀子曰："君子博学而日参省乎己，则知明而行无过矣。"没有反思，就没有成长。反思什么？怎么反思？反思自己的工作思路，即我的思路是否正确。思路决定出路，做任何事情都要先有正确的思路，这样可以确保事情能做好。反思自己的工作态度，即我是不是百分之百在用心做？反思做的过程，即环节有没有纰漏？是不是用了最优化的方式？还可以如何改进、完善？反思效果，即是不是达到了预期的效果？如果成功，经验是什么？假如不如意，原因又何在？……

作为教师，主要是进行课堂教学反思。课堂教学反思，我们又该反思什么呢？首先，反思教学目标，即我这节课的教学目标是什么？我制订的目标是否合理？我们要清楚自己所上的每节课的教学目标，这看似是虚的，但它决定了教学的方向，任何时候都是"教什么"比"怎么教"重要。教学目标是否合理、准确需要我们反思。我们还要反思教学过程，即我是如何设计这节课的学习活动的？为什么要这样设计？学生课堂学习状态如何？如何评价我这节课？

我这节课的得失优劣是什么？是什么原因导致了我这节课的得失优劣？反思如何改进，即我以后再上类似的课，需要在哪些方面进行切实可行的改进？这样的反思涉及了课堂教学目标、教学过程、自我诊断及改进。经常进行反思，就可以提高教学的技艺和教学技巧。

向自己学习，向自己的经验学习。稻盛和夫曾说："坚持愚直地、认真地、诚实地工作，同时要每天老老实实进行反省。度过反省的每一天，我们能避免工作上的失败，而且有利于在人生中提升心志。"在反思中，我们可以更加理性地前行。

（4）借力，向别人学习。学习他人，成长自己。我们要向专家学习、向身边优秀的同事学习。向专家学习可以读他们的著作、观摩他们的课。最好把本学科专家的书都读一读，提升专业素养。同时，多听听专家的课，看他们教学设计的创新之处，揣摩他们设计理念，品味他们教学语言、教学风格等，从中汲取精华并内化，以改善自己的课堂教学。

我们教师的专业学习更多在听课现场，在教研活动的现场。华东师范大学李政涛教授提出了"教师的学习能力，最重要的是现场学习力"。反思自己的专业学习是听同行的公开课、研讨课、观摩课，是在现场向别人学习。学校的校本教研活动也是现场学习。李教授认为良好的现场学习力表现为专注力、捕捉力和转化力。其中，转化力是教师现场学习力中最关键的能力。我们应将学习所得转化为自己的知识体系，丰富自己的积累。积累的厚度和深度，决定了我们专业发展的高度。

肖川博士的观点让我们深受启发。学习也有三重境界：第一重境界"折扣型"，现场学习不专心，或者现场学习力不强，现场学习总是"打折扣"。第二重境界是"全纳型"，一部分教师在学习现场能够记全讲授者的所有观点，吸纳所有有用信息为自己所用。第三重境界是"增值型"，这类教师不仅领会了讲授者的所有观点，并且边听边悟，增长了见识，开阔了视野，产生了灵感，与讲授者的思维进行碰撞，形成了自己新的想法，积识成智，实现了专业的不断成长。

凡是优秀的教师都是爱学习的，都是专业素养较高者。专业素养会影响教师的感受，教师专业素养高就会体验到充实的职业幸福感。反之，教师则体会不到职业的幸福感。

要带着思考向别人学习。作为教师，我们经常听课、听报告。我们要边听边思，听观点、辨真伪、用心悟、记灵感、理思路，不断改进自己、发展自己。

（三）锻炼研究力

学习，让我们拥有新理念；上课，让我们拥有实践经验；研究，让我们更有思想。研究可以改进教学方式，提升教学能力。可对于我们中小学教师来说，谈"研究"似乎很遥远，身在教学现场，却不知道从何开始研究。其实研究一直伴随着我们的工作，每位教师的日常都是在研究中的。解读教材要研究，设计教学要研究，提高学生学习的积极性也要研究。我们在教育教学的过程中，遇到的问题要解决需要研究，只是有时我们没形成研究的意识，只进行"碎片化"的研究，不深入，所以也难以形成有价值的成果。

研究是我成长的关键词之一。我从开始的不知研究如何进行，到现在驾轻就熟，从不知道论文为何物，到发表一篇篇的文章，从对教育科研的无认识到敬畏文字、敬畏研究，从懵懂期到明朗期，再到常态期，形成了研究的意识，提升了研究素养，凝练出教育教学的智慧。无研究不成长，研究是一般教师成为名师的密码。

那么作为教师，我们"研究"什么？"研究"什么比怎么"研究"更重要，方向明确，才会形成有价值的研究成果，才能实现"研究"为教学服务，才能通过"研究"实现教学质量的提升。我们要研究"真问题"。因为我们身处教学的第一现场，所以可研究的问题非常多。有志者事竟成，有心者就不怕找不到有价值的问题。我们研究教材、研究课堂、研究管理中遇到的问题，通过研究解决问题，改进教学。

有人说，写好自己的科研故事就是最好的科研。例如，我们发现有学生家庭作业总是完不成，那我们就要从教师、学生两个方面去分析。对于教师，我们要去思考是教学内容没讲清楚，没调动学生学习的积极性，还是知识难度大、作业量大，等等。对于学生，我们要思考：学生在家里有没有人监管？家庭有什么情况？学生个人的作业习惯如何？是不是上课没听会？等等。我们通过调查原因，制订相应的改进措施，提高学生学习积极性。如果我们把上面这个过程想明白、写出来，对其他教师以启发，这就是在做科研。

我们对身边的教育现象、对自己遇到的教育问题进行深入的思考，做深刻的剖析，这样的科研是真实的、是鲜活的，也是有意义的。教育的研究是我们用心留意每一件有价值的事，放在理性的层面去思考，然后提炼做法，最终把它变成文字。常用的研究路径是这样的：教学现象问题化→教学问题专题化→教学专题课题化。其实，我们的教师天天都处在研究状态，只是出于无意识的状态，没有总结、提升。研究是一个比较复杂的过程。我们在研究的过程中需要学习，需要钻研教育理论，需要搜集与分析资料，需要对自己以往的教学工作经验进行回顾梳理，需要对教育对象进行观察、思考，还需要做一些分析评估，等等。很显然，这样的研究过程，也是教师自我发展、专业不断提升的过程。

我们做教育教学研究，主要是以课题为载体。课题研究可促使每位研究者对教育教学问题不断深入思考，从而不断提升专业理论水平。其实，搞教学研究并不难，只要弄清四个问题：研究什么、为什么、怎么办、是什么。

我们应为解决工作中遇到的实际问题而研究，所选课题要小而实。教育科研课题产生于教育问题。教育问题概括地可分为两类：一类为教育实践中的问题，如"有效作业的设计布置""小学生的安全教育""小学低年级学生注意力培养""深度课堂的设计""学生厌学情绪的克服问题"等；另一类是教育理论方面的问题，如"增值评价问题""学校教学质量评价研究"等，这两类问题是紧密联系的。

（四）训练表达力

作为教师，我们的表达力包括两个方面：一方面是"讲"，另一方面是"写"。这两方面的表达力求思路清晰、逻辑分明、精确简练、规范动听。以听促说，以说促说，以说促写，以写促说。我们要抓住发言的机会，争取发言的机会，特别是讲座交流。特级教师武凤霞在分享她的成长过程时曾说，为了训练自己的表达力，凡是有发言的机会，她都会努力把握好机会，"逼"自己脱稿发言。正是如此训练，所以她的报告每次都是言简意赅、表达清晰。

第一个方面："讲"。"讲"就是与人交流发表见解，包括讲座。马斯洛需求理论把人的需求分成生理需求、安全需求、归属与爱的需求、尊重需求和自我实现需求五类。显然，讲，满足了教师的高层次需求。加德纳的多元智能理论提出了两种人格方面的智能，即内省智能与交往智能。"讲"激活并顺应了教师的人格智能发展需要。

为了梳理思想而讲。讲什么？讲自己的工作、讲自己的思考、讲自己的观点，这样才能促使自己整理思考、形成鲜明的观点，这样才能引起听者的共鸣。其实，每一次讲座都可以说是一个成长的新台阶，能够促进人快速成长。每一次报告的准备过程也是成长的过程，因为每一次报告都是促使我们回忆、梳理、提炼、归纳、提升自己教育智慧最行之有效的办法。把学到的做出来，把做到的说出来，做得实实在在，说得清清楚楚，这是一位优秀教师的本事与本色，这样才能享受到教师这个职业的幸福感。在近两年的培训工作中，包括国培讲座中，出现了很多一线教师的身影。讲座内容更贴近一线，使用的话语也更有感染力。在培训时，要聚焦主题，把专题讲透、讲清，从而使听者真正受益。

第二个方面："写"。写作是梳理思想，形成智慧的途径。写作可以留下成长的痕迹。

苏霍姆林斯基在《给教师的一百条建议》第90条建议"我怎样写教育日记"中写道："凡是引起你的注意的，甚至引起你一些模糊猜想的每一个事实，你都把它记入记事簿里。积累事实，善于从具体事物中看出共性的东西——这是一种智力基础，有了这个基础，就必然会有那么一个时刻，你会顿然醒悟。那长久躲闪着你的真理和实质会突然在你面前打开。"这说明了教育写作对教师发展的意义。以讲代写，以讲促写。讲写是可以互促的，如果说读书是生命在行走，那么，写作就是灵魂在呼吸。"写"这种表达可以让人更加睿智。

写作，除语言表达外，思维才是核心能力。能不能写出来，能不能写好，除了与积累有关，更与自己的思维有关，与自己的实践有关。现实中，很多教师不愿意去写，认为太难，写不好。有教师坦言："我不会写，写出来的与心里想的不相符。"这位教师的困惑是普遍性的问题，困惑源于没有达到"我手写我心"的境界。

文章是"做"出来的，首先真正做了，然后把做的写出来，再修改提炼。好文章也是"改"出来的。好文章是有生命力的。写自己做的就不会感觉没什么可写，自己怎么做就怎么写，这样不会累。如果不去写，年复一年地简单重复，就留不下成长的痕迹。为了更好地写，我们要随时随手记得失、录机智、写所悟，积累写作的素材。因为灵感的产生和消失几乎是同时的，所以我常常是把记录灵感的小本随身携带，床头柜上也放着灵感本，有灵感就及时记录。

怎么写文章？我的思路是：写出框架—修改完善框架—逐部分写。写出框架的过程颇费心思，常常需要反复思考。因为做任何事情，只有持续地思考，深入地思考，才会有新想法。不间断书写，越写越顺畅，但也会对文字越来越敬畏。

写作是有窗口期的，所以有想法就赶紧写，不要过了窗口期。想清楚了、明白了、通透了就动笔，写自己的真实感悟，尽量不去写废话，要表述准确、精练、规范，有哲理更好。写清楚，有理有据、有"例"有"法"，写能让读者看懂的文章，写对读者有启发的文章，写有生命活力的文章，这样的文章，才能让读者产生共鸣。

美国曾做过一项调研，将获得诺贝尔奖的科学家和一般科学家做对比，发现他们的差别不在于他们的科学素养，而在于获得诺贝尔奖的科学家要比一般的科学家写作能力高20倍。读是"进"，写是"出"。写作能促进人快速成长，甚至改变人的教育生活轨迹。

下面我们一起来分享一个成长故事——《让自己成为稀缺的资源》。教育时报曾登载了一位教师的成长故事。这位教师中师毕业后，在村小教书，10年调动了7所学校，哪里缺教师就把他调到哪里。他教过小学的语文、数学、体育等差不多所有学科，甚至教过初中的地理、体育等学科，前后共20余门学科。不停补缺的经历，何谈专业上的成长。这样的经历难免让人委屈和愤懑，但这位教师最终走出来了，评上了市级名师，不断有城市学校向他伸出橄榄枝。

他究竟是如何改变这一现状的？是学习！一次偶然的机会，他在读"另类"校长郑杰的著作《给教师的一百条新建议》时，受到一个观点的启发——"让自己成为稀缺的资源"。这令他想明白了，之所以自己被频繁调动，是因为他自己没有特长，所以他要培养自己的特长，使自己成为教师队伍中的稀缺资源。从此，他开启了学习之旅。从2005年开始，学习、反思、读书成为他的常态，写作成了他的习惯，他所写的每一篇文章的背后都有自己积极的思考，他电脑里存了上千篇文章的草稿，记录了他的思考，使他一步步成为有思想的优秀教师。从补缺者到"香饽饽"，这位教师的成长用一句话概括，那就是"你若上盛开，蝴蝶自来"。

有教师说："教师三件事，一是把学科想清楚，二是把学科教明白，三是给自己一点时间，再把自己想的和做的说清楚，他就成功了，幸福也就接踵而至了。"

成长过程是苦并快乐着的。建议教师每学期至少执教一节校级或以上公开课，每年至少写几篇有价值的论文，每年承担一项校级或以上课题，每学年都参加一次校级或以上专题讲座。这样，你收获的不仅仅是荣誉，最重要的是，你可以由此获得更多自信与力量。人生的幸福，在于跳出自己的舒适区，拼一把，实现自我的价值，让教育生涯了无遗憾。相信"我能行"，关键是要"行"，做思考的行者，明晰成长的方向，构建自己的成长方程式，给自己一条明晰的成长路径！

爱与责任，守住朴实的教育心

—— 次，我应邀给新招的教师做岗前培训。在向新教师表示祝贺后，我和他们一起解读了下面的"梯级成长图"。

梯级成长图

这是河南省基础教育领域教师梯队攀升体系，我把它称为"五级专业发展攀升"体系，即到2020年，我们河南省基础教育领域要培养9万名左右的县级名师和骨干教师，这是第一梯级，第二梯级是培养6万名左右的市级名师和骨干教师，第三梯级是培养4万名左右省级骨干教师，第四梯级是培养6000名省级中小学名师，第五梯级是培养120名左右的中原名师，第六梯级，也就是攀升体系的最高级是培养"豫派实践型教育名家"。梯级成长图启发我们，成长需要脚踏实地地一步步向上努力攀升。只要从开始走好每一步，就会有不一样的收获，你的教育人生终将与众不同。

教育家陶行知说："人生天地间，各自有禀赋，为一大事来，做一大事去。"他把毕生精力都投入"教育"这一大事。做教育需要爱，需要有担当。教师的工作是以"爱与责任"为主旋律的。一名新教师要想尽快成为合格教师、优秀教师，到底可以从哪些方面努力？

一、做承责之师

苏格拉底的徒弟柏拉图说："一个民族中最优秀的分子，才有资格做教师。"我们既然选择了做教师，就应当义不容辞地承担起教师之责。那么我们如何承责呢？我们共同来分享一个故事——《守候阳光》。

这是年轻德育特级教师的承责故事。方海东，浙江温州九中的一名德育特级教师。他1996年毕业，走上教师工作岗位就开始担任班主任。在教育生涯中，如果不担任班主任，你的教育生活会是不完整的。在新岗位、新班级，方老师就碰到一个特殊的学生。这个学生特别调皮。那么，如何转化他呢？方老师在查阅了很多资料、请教了多位有经验的教师后，和学生的家长一起制订了一个非常详细的转化方案。方案细到什么程度呢？他将该生晚上在家每个时间段要做什么事情都规划得清清楚楚，并和家长一起共同按规划实施。功夫不负有心人，这个学生三年后考上了重点高中。方老师也从这位学生的转化教育中得出了如下的感悟："好老师成就好教育。"当好老师不容易，要有心、用心。虽然刚刚毕业，缺乏工作经验，但正是因为方老师的用心，上岗即担责，他担起了教师之责。

到了2000年，方老师又接了一个新的班级。在这期间，和方老师一起分到这个学校的其他的两名教师都参加过省级优质课、市级优质课，而方老师没有得到这样的机会。如果是你，你会怎么做呢？是得过且过、顺其自然吗？方老师没有自甘平庸，而是自我成长。他说："自我成长是永远的方向。"2002年，方老师遇见了"新教育"，开启了他教育事业的新篇章。此时，他自我成长的意识更加强烈了。这个时期，他到处去参加学习，很多时候都是自费学习的。有一次参加培训学习，为了听得更清楚，方老师搬了一个小凳子，坐在主席台的后面，一坐就是一天。正是这种执着的学习精神，让他变得越来越优秀。他开始到所在区的进修学校做班主任讲座。他说："最痛苦的时候就是最接近成功的时候。"任何一个人的成功都不是那么容易的，都是要经过千锤百炼的。正是因为有了这些积累，有了这些沉淀，方老师才能越走越远。

2007年是方老师收获的一年，他不仅获得了浙江省优质课赛一等奖，而且他的第一部著作《守候阳光》出版了。2010年，他被评为"温州市名班主任"。2012年，他的第二部著作又出版了。2014年，他被评为"德育特级教师"，这在全国都为数不多。方老师成长为他所在区域里的一张"教育名片"。

名师是什么？方老师的回答是：名师会上课，不会上课的名师不是真名师；名师要会当班主任；名师要有好的教学质量，所教学生能考出好成绩。另外，名师到一定程度还要会做讲座，会写文章。方老师的班级是以他的名字命名的。这既是教育行政部门对方老师所做出成绩的一种肯定，也是一种莫大的激励。方老师承担起了为师之责，用自己不断的发展成就了学生的成长。他用心教学、匠心育人，主要表现在以下几点：

第一，和学生建立了融洽的关系。课余的时候，方老师和学生一起做游戏。一个有智慧的教师、一个有智慧的班主任，往往会和学生打成一片。方老师在课间只要有时间，都会多走到学生中间和学生交流，与学生建立融洽的师生关系。这样，便于方老师了解学生的状态，方便与学生沟通，从而掌握学生的第一手资料，这点是非常有必要的。

第二，创建特色班级文化。方老师的承责还表现在他用心建设班级文化上。他把自己班级的名字定为"青石班"，其目的是培养具有"青石品质"的学生。他们班级还有自己的标志。班级标志起什么作用呢？标志一般都是独一无二的，可以起到增强凝聚力的作用。看到这个标志，学生会感到自豪——"这是我们青石班的标志"，会有一种温暖的感觉。方老师将所打造的班级文化称为"青石文化"，不仅有既定的班级目标，还设计了"青石品质"包含的具体内容。此外，方老师还创新地设计了一套"班币"，有十元的、二十元的、五十元的、一百元的、二百元的、五百元的，这是班级管理的一种创新。设计这套班币是非常费时、费精力的。由此可以看出方老师对教师职业的爱、对管理的用心。用心工作、创新工作，这就是一种承责。

班级文化一旦形成，班级管理起来就非常省事。"费劲"是为了"省劲"。那么，方老师设计的班币干什么用呢？是用来"发工资的"，根据"工资表"发"工资"。"工资表"其实就是学生平时表现的量化表，方老师根据每一个学生的表现"发工资"。那发的工资干什么用呢？既然有评价，就要使用好评价的结果。方老师把班级划成区域，每个座位都是班级的资源，这些资源就像楼盘一样，好的座位"钱"多一点，位置差一点的"钱"少一点。方老师根据学生的"工资数"安排座位。这一举措，非常好地发挥了评价的作用。方老师在班级管理上可谓环环相扣，在班级文化建设上可谓独具匠心，在管理方面颇显智慧。

方老师强调情感品质教育不仅仅要关注成功和失败，更要关注改变和成长。方老师总是喜欢用相机记录他和学生的点点滴滴。方老师的班级有一个不爱说话但也希望被关注的留守女生。为了激励她，方老师从平时拍摄的一万多张照片中选出几十张，为女孩做了一个视频。某天，方老师把女孩叫到办公室，当看到自己的专属视频时，女生的眼泪哗哗直流，她被老师的特别关注所感动。方老师的用心感动了这个孩子，也感动了我们每一位看到的教育人。

第三，坚持每天"四个一"。方老师为什么能够如此优秀呢？他说："我的成功并非是运气，而是基于我的坚持。"他每天都坚持做到"四个一"。这"四个一"是什么呢？就是每天和一个学生谈话，每天上好一节课，每天写一千字的教育随笔，每天读一个小时的书。十几年如一日，他曾给初三毕业的学生写留言，最短的三千字，最长的七千多字。这些发自肺腑的师之言，无疑是学生成长之路上的明灯。

毫无疑问，在承责方面，方老师是我们的榜样。他带着思考工作，积累沉淀，形成了自己的教育思想体系，在平凡的岗位上做出了不平凡的业绩。当教师，当作像方老师这样的好教师。

作为一名教师，我们应该承担什么样的责任？概括一句话就是：为学生的成长负责。为此，我们要对工作高度负责，认真备课、上课，认真批改作业，认真辅导学生，一丝不苟，坚决不能敷衍塞责。教好书、育好人，这是我们作为教师的责任。

下面我们再来分享一个故事——《致加西亚的信》。

美西战争发生后，美国必须立即跟古巴的起义军首领加西亚取得联系，不取得联系美国就会灭亡，如此严重。那么这封信怎么送呢？当时没有人知道首领加西亚的具体地点，所以无法带信给他，但是美国总统必须尽快取得他的帮助。怎么办呢？有人对总统说，有一个叫罗文的人有办法找到加西亚，也只有他才能找到。于是，他们就把罗文找来，把信给了罗文。罗文把这封信装进了油布制的口袋里，封好，吊在了胸口上，划着一艘小船出发。四天之后的一个深夜里，他乘一艘敞篷船到达古巴海岸，消失于茫茫丛林之中。等过了三个星期，他才从古巴岛的另一边出来，那个时候他已经徒步走过一个危机四伏的国家，把信交给了加西亚。

罗文送的不仅仅是一封信，而是美国的命运，是整个民族的希望。这个送信的传奇故事在全世界广泛流传。之所以在全世界广泛地流传，主要原因在于它传递了一种伟大的精神。什么精神呢？那就是承责、忠诚、敬业、勤奋。这四种精神不正是我们人性光辉的一面吗？"送信"变成了一种忠于职守、一种承诺，一种敬业、服从和荣誉的象征。这个故事启发我们忠诚、担当、承责，我们要做教育界的"送信人"。

习近平强调，教师的重要就在于教师的工作是塑造灵魂、塑造人的工作，责任重大。因此，作为教师，我们首先要承责，做承责之师，每一个教学行为都应促进学生的成长。

二、做有爱之师

"教育的全部奥秘就在于爱学生。"苏霍姆林斯基说："一个好老师意味着什么？首先意味着他是这样一个人，他热爱孩子，感到和孩子在一起是一种乐趣，相信每一个孩子都会成为好人，善于跟他们交朋友，关心孩子们的快乐和悲伤，了解孩子的心灵。"教师的爱是一种无私的爱、不求回报的爱。做好教师，首先是爱学生。教育家夏丏尊说："教育没有情感、没有爱，如同池塘里没有水一样。没有水，就不能称其为池塘。没有情感、没有爱，也就没有教育。"

教育是爱的事业。我们要常思三个问题：你爱学生吗？你会爱学生吗？你如何让学生体会到教师的爱？我们对学生的爱应该让学生体会到。有人曾做过这样一个调查：在五所学校抽取120名教师问这样一个问题——"你热爱学生吗？"90%的被调查教师都回答的"是"。然后对这120名教师所教的学生进行

坚守一方土，
安静幸福地成长——教育教学行与思

调查，问的问题是："你体会到教师对你的爱了吗？"学生中回答体会到的仅仅占1%。绝大多数学生没有体会到教师对他的爱。由此，我们可以这样说，热爱学生并不是一件容易的事，让学生体会到教师的爱更困难。那么，我们该怎么做有爱之师呢？

（一）关爱学生

高尔基说："谁爱孩子，孩子就爱谁，只有爱孩子的人才会教育孩子。"爱学生，就要去关爱他。教师要关心学生，心中想着学生，无论学生是在生活还是在学习上遇到困难，老师都应及时帮助他排忧解难。数学家苏步青出生在浙江省平阳县一个山村里，求学时家里非常贫寒。17岁去日本留学，是他的校长、老师的资助和关爱使他得以顺利完成学业，可以说没有这一留学经历，他也许没就有后来那么大的成就。作为教师，我们要用实际行动关爱学生，无论是精神上，还是物质上。

关爱学生就要宽容学生的不足。如何才能做到这一点？答案是要看到学生的进步，看到学生的长处，看到学生的优点。丘吉尔出身贵族，他开始是在贵族私立学校上学的。他是这个学校最调皮、成绩最差的学生。后来老师把他开除了。他的父亲把他转到了一个公立学校，在公立学校，老师对他的关爱、引导使他不断发生变化，后来他就成功了。当然，他的成功和他的综合素质好也是分不开的。

关爱学生还表现在要公平对待每一个学生，我们不因学生家庭的贫富，不因家长身份地位的高低来区别对待学生，所有的学生都是一样的。那么下面这几条我们千万不要做：第一，随意让上课违纪的学生离开课堂，这侵犯了学生的基本权利；第二，不让上课迟到的学生进教室；第三，为了所谓的"升学率"，不让学习成绩差的学生参加考试。

关爱学生，就要学会倾听。倾听学生的需求、倾听学生的思想、倾听学生的情感。不要轻易打断学生的话，这是对学生的尊重。给学生一个等待，学生会给你一个精彩，我们只有真正地倾听，才能托起精彩的课堂，才能体现教师的公正。你倾听了学生的真实思想，你的课堂才会更加有针对性，对学生的教育才更具针对性。

关爱学生，就要合理对学生进行评价。唐纳森在《大脑的发育》中说：

"在儿童生长发育中，在身体和心智方面都是不平衡的。因为生长从来不是平均的，而是有时在这一点上突出，有时在另一点上突出。各种教育方法，对天赋能力的巨大差异，必须认识到生长中自然的不平衡的能动价值，并能利用这种不平衡性，宁有参差不齐的不规则性，也不要一刀切。"我们要尝试给学生定不同的目标、不同的任务、不同的反馈评价。尊重学生之间的差异，尊重他们不同的认知水平，尊重他们不同的情绪和智能，努力实施分层教学，采取学生能够接受或理解的方式给予其恰到好处的帮助、指导、启发。这是教师公正的核心，把握差异的原则是教师公正的升华。我们要把握差异性的原则，让层次不同的学生都得到发展，这才是教育的成功。无论什么时候，我们都要把学生放在课堂的正中央，培养学生的自信。

关爱学生，让学生张扬个性。爱迪生一生的发明有两千多项，拥有专利一千多项。其实，爱迪生只入学了三个月就被老师赶出去了。因为爱迪生总问一些稀奇古怪的问题，如1加1为什么等于2，风是怎么产生的，等等。他的老师不胜其烦。有一天，老师给爱迪生一个小纸条，让他把这个小纸条带回家给他母亲看，爱迪生很听话，回家之后把纸条给母亲去看，他母亲看完之后泪流满面。纸条上写的是什么呢？"你的孩子是低能儿，你带回家教育吧。"爱迪生看着他妈妈的表情不知道怎么回事，就问纸条上写的是什么。他的母亲说："老师说你非常聪明，他们教不了，让我来教。"他的母亲是一名女子学院的老师，在家教育的这段时间，他的妈妈发现自己的儿子并不是低能儿，反而很聪明，她鼓励儿子多做实验，鼓励他去博览群书，正因为如此，才成就了这位大发明家。让我们牢记教育家陶行知说过的这几句话：你的教鞭下有瓦特，你的冷眼里有牛顿，你的讥笑中有爱迪生。做教师，我们切记不能用冷漠的眼神看学生，用刻薄的语言对学生，更不能用简单粗暴的形式惩罚学生。不要让学生柔弱的心灵受到伤害。我们要关爱每一个学生，公平地爱他们，让他们张扬个性，发挥自己的聪明才智。

关爱学生，就要走进学生的心灵，把特别的爱给特别的学生。一位老师教三年级，她的班级有一个孩子总是不想上学。孩子的爸妈、外公外婆都是医生。家人带他去做心理测试，发现他喜欢的颜色是黑色或灰色。平时，他不像其他孩子那样喜欢看动画片，他喜欢看妈妈的医学书，经常要和外公讨论如何自杀。隔几天他就不想去学校了。老师了解情况后，关注他、激励他，但效果并不明显。于是，老师想办法走进他的心里，看他到底有什么心结。于是有了下面的对话："你有朋友吗？""老师，爸爸妈妈、外公外婆算不算朋友？""算，还有吗？""那我表妹算吗？""也算吧，还有吗？""没有了。""我们班同学中，有没有你的朋友？""没有，他们都不跟我玩。"这大概就是孩子不想进班的理由。于是，老师用心设计了很多活动，选他做班级同学的"健康小卫士"。慢慢地，孩子融入了集体。

于永正先生在《如果再教一年级，绝不会让小朋友上课尿裤子了》一文中说："如果时光老人再给我十几年的时间，让我重教一年级，上课时我会关注每一位学生，不再只是关注教案、教学。岂止是教一年级，教任何年级都要认真读每个学生的表情、动作，从中读出他们的内心，并做出正确的判断，采取相应的措施。"我们应当向于永正先生学习，发自内心地关爱每一个学生。

（二）尊重学生

有六种学生我们要格外尊重：智力发育迟缓的学生、学习成绩不良的学生、被孤立的学生、被拒绝的学生、有过错的学生、有缺陷的学生。乌申斯基说，在教育中，一切都应以教育者的人格为基础，因为只有人格才能影响人格，只有人格才能形成性格。作为教师，我们要给学生树立榜样，在单位要尊重同事。尊重别人是一种美德，它会为你赢得欣赏、认同和合作。有一句话是这样说的，不尊重别人，你将失去快乐；不尊重同事，你将失去合作；不尊重领导，你将失去机会；不尊重长者，你将失去品格；不尊重自己，你将失去自我；不尊重学生，你将失去工作的快乐。在对待学困生上，教师应坚守师德底线，不体罚学生、不辱骂学生，尽量不大声训斥学生、不冷落学生、不羞辱嘲笑学生、不随意当众批评学生。作为教师，要具备六心。这六心是什么呢？就是爱心、细心、耐心、恒心、热心和慧心。

（三）严慈相济

我们中小学教师，应该有"双性"的气质，就是既像母亲，又像父亲，严慈相济。做这样的教师是需要智慧的。我们要做到严中有爱、严中有章、严而有信、严而有度。我们该怎么去做呢？在日常生活中要像母亲，因为很多时候我们不仅要管学生的学习，还要管学生的生活，要像母亲一样给学生以慈爱；行为规范像父亲，行为规范必须严格，所以要像父亲一样；在课外活动中像朋友，要亲切；传授知识像师者，要博识；讨论问题时像伙伴，和学生是平等的关系；帮助学生改正错误的时候要有耐心。所以，做一位好教师需要智慧，需要我们不断地汲取营养，去沉淀，让自己越来越智慧，成为严慈相济的好教师。

我们要用宽容的态度去对待学生。作为教师，我们想让学生成为什么样的人，那我们自己首先要成为这样的人。如果学生生活在批评中，他便学会谴责；如果学生生活在敌视中，他便学会好斗；如果学生生活在讽刺中，他便会害羞；如果学生生活在恐惧中，他便会忧心忡忡；如果学生生活在鼓励中，他便会自信；如果学生生活在受欢迎的环境里，他便学会钟爱别人；如果学生生活在友谊中，他便会觉得生活在一个多么美好的世界。由此可以看出，我们作为师者，责任是多么的重大。你播种思想，他会收获行为；你播种行为，他会收获习惯；你播种习惯，他会收获性格；你播种性格，他会收获命运。我们应该学会播种，播下爱的种子。

三、做"善管"之师

"管理出效益"，我们不仅要做承责之师、有爱之师，还要做善管之师，用智慧去管理学生，管理自己的班级，做一个让学生敬重的好教师。名师李凤遐说："以权威压服是下策，以才华征服是中策，以人格的力量感染才是上策。"如何来管理呢？

（一）无为而治

我们先看一个故事。一个徒弟向师傅学艺多年，一天未向师傅辞行而私自下山，师傅十分生气，就问："你为什么要下山？"徒弟："我已经学够了，可以独闯天下了。"师傅："什么叫够了？"徒弟："就是满了，再也装不下了！"师傅："那你装一碗石子来。"徒弟按师傅说的做了。师傅问："满了吗？"徒弟："当然满了。"师傅从路边抓起一把沙子，沙子渗入石缝里，而沙子一点也没溢出来。师傅："满了吗？"徒弟似有悟："满了"。师傅又倒了一盅水下去，仍然滴水未溢。师傅笑问："满了吗？"徒弟站在一旁，无言以对。面对徒弟的错误，师傅没有姑息地放过他，也没有严厉地训斥他，而是用生动的事例让徒弟自己领悟，反省自己的不足。这位师傅运用的新颖别致的惩罚方法，具有很强的教育性和感染力，值得我们学习、思考。

我们在管理学生的时候，不是要求学生怎么去做，而是应该去疏导学生。"人法地，地法天，天法道，道法自然。""疏"比"堵"更有效。管理重在疏导，让学生自己领悟、反省自己的不足，这样的教育远比批评效果好得多。

在管理中，我们要让学生在实践中学习，在实践中感悟，这样才能让他们理解得深刻，才能规范学生的行为。外在的"命令式"管理效果会大打折扣。因此，关于善管，我们首先就要无为而为。我们要学习老子的"无为而治"的思想，重在对学生疏导，这样管理的效果才会明显。

（二）换位思考

在管理学生时，我们要学会换位思考。我们先看一个这样的例子：某天，老师布置作文，题目是"我的梦想"，一般学生的梦想都很高大上，而有个孩子的梦想却与众不同，他的梦想是变成一只老鼠。哪有这样的梦想？如果你是这位老师怎么做呢？让他重写？批评？我们来看一看这个孩子是怎么想的。他说："我想变成一只老鼠，把冬日的光辉偷回，还给迷人的金秋；把夏天的鲜花偷走，装扮春天的风流；我想成为一名大盗，把世间的黑暗统统偷走，哪怕闪电划破云头，哪怕寒风把心刺透，我也决不缩回自己伸出的'黑手'。"写得多好，这样的梦想不好吗？

我们再看第二个例子，一位特级教师在执教《孔融让梨》时，问孩子们："有两个苹果，一大一小，你们要吃哪一个呢？"孩子们都说吃小的，老师听到孩子们说吃小的很高兴。可是，这时候有一个文静的小女孩站起来说："老师，我想两个都咬一口。"同学们听了以后哈哈大笑，老师愕然，心里直犯嘀咕："这孩子怎么这么自私？"再看女孩一脸的委屈，老师就耐着性子问她："你能说说为什么吗？"这个孩子说："我要把甜一点的那个给妈妈，因为妈妈平时就是这样，把最甜的苹果挑给我吃的。"多么好的孩子啊！

这两个故事告诉我们：教师应该用"学生的大脑"去思考，用"学生的眼光"去观察，用"学生的情感"去体验，为学生创造一个自由舒展的平台，给他们心灵的自由、精神的自由、生命的自由，让每一个甜美的梦想飞起来！不要把孩子的特点当缺点，要尝试着进行换位思考。

有一个心理游戏，它的名字叫"我说你画"。游戏的规则是：游戏中描述的一方只能用语言对看到的图形进行描述，不得使用手势，双方可以语言沟通，但描述的一方不能看对方画的情况。画的一方则把听到的内容画下来，听到停止口令，立即停止。结果常常会出现所画的图与看到的图不相符。

这个小游戏给我们的启示是：很多时候我们要换位思考。描述的人要想一想，我描述得清楚吗？是不是自己的语言问题让画的人有歧义？画的人也要反思一下，是不是自己没有仔细品味对方的话，没听出来什么意思？由此可见，我们在教学过程中，要多从学生的角度去思考。学生没学会，是不是我们没讲明白？换位思考，要多问"为什么"，要有足够的耐心了解学生的真实想法，走进学生的内心，做学生的"知心人"。

（三）奖罚有道

管理学生，我们一定要做到"奖励有道，罚亦有道"。那么，可以奖励学生什么呢？奖励学生当一天的班长、当老师的小助手、和老师拥抱、和老师合影、和老师进餐……同时，对于违纪的同学我们要开"罚单"，"罚单"可以是唱一首校园歌曲、做一件好事、打扫卫生、扣减操行成绩、写情况说明等。我们一定要制定处罚的规定，学生每违纪一次，我们就要选择一种处理的办法。但选择的办法不能重复，否则学生违纪的次数会越来越多，可选择的罚单越来越有限。著名特级教师华应龙的"五级批评方式"让我深受启发。一级批评"看一眼"，二级批评"摸个头"，三级批评"点个名"，四级批评站5秒，五级批评写说明。一级一级往上升，让学生明白犯错误是要付出代价的。奖罚分明，学生就会养成规矩意识，自觉遵守校纪班规。

在管理学生时，我们不要讽刺、挖苦、歧视学生，不要变相体罚学生。我曾经看到过这样的一组图片：第一幅图，一个小女孩被老师罚站，她瞪着圆圆的大眼睛，那这个小女孩在瞪谁呢？她在瞪老师，她的眼神中满含悲愤，还有一丝倔强和不服气。无论出于何种原因，我们尽量不要让学生一直站着上课。第二幅图片：在一位老师的办公桌后，男女学生都在做俯卧撑。第三幅图片，一个老师揪着孩子的两只耳朵，看孩子的表情，他该有多疼啊，孩子的心灵创伤该如何治愈，这位老师的行为令人发指。这些反面的例子给我们敲响了警钟，违反师德这根红线我们不要去触碰。对待学生，我们要坚守住师德的底线。我们不体罚学生，否则轻则涉及道德，重则涉及法律；不辱骂学生、不冷落学生、不羞辱嘲笑学生、不随意当众批评学生。做到惩罚有道，才能更好地管理学生，没有规矩不成方圆。

覃丽兰，全国著名班主任，湖南省怀化市铁路第一中学特级教师，被誉为"全国最卓越的班级文化建设者"。在班级管理中，她用小组建设的力量，以"三人行"机制，让学生结伴而行，用优秀促成优秀。学生在她的带领下，慢慢将学习变成一种乐趣与享受，甚至连出操都齐诵《滕王阁序》，让全校师生瞠目结舌。经历了残酷的高考之后，她的学生还开心地说："真希望这样紧张的高考再来一回。"这种乐观、开朗与那些考后撕碎书本漫天抛洒的学生相比真是天壤之别。一个普通的班级，在她的带领下成为奇迹诞生的地方：一半以上的学生考上重点大学。

管理出效益，管理出成绩。最高的管理境界是"自我教育"。自我教育的形成，需要熏陶，需要爱心相助。我们要少要求学生，多感动学生。"爱出者爱返，福往者福来。"我身边有这样一位老师，从教以来，坚持着一个习惯：每当擦黑板时，她总是背向学生，用自己的身体挡住飞向学生的粉笔末。见微知著，微小的举动让我们看到她对学生的爱，她给学生"母亲般的爱"，学生回馈给她的是无限的爱戴。她在交流班主任经验时说："在爱的氛围中，管理就变得容易多了。"还有一位同事，从教二十六年，一直教低中年级。每当有学生和她说话时，她总是蹲下来，以方便和学生更好地交流；每当在校园行走，有学生与她打招呼时，她也总是弯下腰来，同学生打招呼。有人曾问她："你为什么要这样？"她笑道："为了尊重孩子们，熏陶孩子们。"俯下身与学生交流，学生回馈的将是"亲其师，信其道"。

"只有用爱才能交换爱，只有用信任才能交换信任。"管理学生就要与学生平等交往；管理学生，也要学会管理自己的情绪。凡优秀的教师都会管理自己的情绪，会用冷静的态度去处理学生的错误。当上课铃已经响了，教室仍有吵闹声该怎么办？每节课我们都要早进教室，不要等上课铃响之后再进教室，善于用目光制止学生的调皮，让自己的眼睛去说话。同时，我们要发挥语言的功效，对表现好的学生用语言表扬，对表现特别差的学生严肃批评。课堂上学生不注意听讲怎么办？我们在课前要做好充分的准备，备好课。课中，把注意力放在学生的学习状态上；善于用眼睛表达自己的满意、生气、愤怒等情绪；尽量不要大声吼，要用智慧去管教学生；多关注好动调皮的学生，多鼓励表扬提醒学生；教学时把自觉性差的学生调到离你近的地方，对于最差的学生可以在下课后进行个别教育；多用幽默和笑声活跃课堂气氛；多给学生展示的机会；语调一定要抑扬顿挫；把握好课堂提问的时机；等等。课堂纪律不好怎么办？我们在学期初要立好课堂规矩。每节课都要尽量带上激情、爱心和微笑；教学手段要多样；采取小组评价，实施多种奖励；等等。

"子温而厉，威而不猛，恭而安。"管理学生，我们也要温和而严厉，威严而不凶猛，但原则的问题必须坚持。

四、做"成长之师"

爱因斯坦说："使学生对教师尊敬的唯一源泉在于教师的德和才。"没有教师的发展，何来学生的成长。教育的本质就是一棵树摇动另一棵树，一朵云推动另一朵云，一个灵魂唤醒另一个灵魂。

教室是生命成长的地方，这不仅指学生，也指教师。在日新月异的时代，知识不断地更新。作为教师，我们要做成长之师，不断成长，丰富自己的内涵。教师成长到多高，学生就能走多远。做成长之师，我们要做到以下几点。

（一）养成良好的习惯

有人说，习惯成就人生，也有人说，习惯决定成败。在教育的过程中，作为教师的我们要特别注重培养学生良好的学习习惯、生活习惯。但一个同等重要的问题被忽略了，那就是教师的习惯养成问题。有调查显示，学生最不喜欢的教师特征有不能以身作则、言行不一致、说话不算数，心胸狭窄不大度、处事不公正、小题大做、爱发火、蛮横、武断，教学不负责任、无计划、只顾自己讲，讲课死板、照本宣科、枯燥无味不清楚、讲完课就走、不与学生接近、不关心同情学生，对学生要求不严、只管讲课、不认真批改作业，态度不和蔼、整天绷着脸，等等。

教师的不良习惯：学生犯"错误"的时候直接找学生家长；在课堂教学过程中，习惯于不苟言笑、习惯于讲，不习惯听；家长会上，习惯于数落学生的缺点，习惯于只谈成绩，习惯于要求家长给学生施压；在处理与同事的关系上，习惯于单打独斗，习惯于竞争、习惯于对同事横挑鼻子竖挑眼；在处理与学生的关系上，习惯于批评，习惯于罚站。当一种教育改革来临的时候，习惯于质疑，习惯于墨守成规，习惯于以不变应万变；面对教育的困境，习惯于抱怨、伤感、忧愁，习惯于放弃心中的目标、追求、理想，习惯于逃避。

教师的良好习惯：习惯于欣赏与赞美学生，习惯于尊重和关怀学生，习惯于帮助和激励学生，习惯于与同事相互理解与支持，习惯于与同事交流与合作，习惯于与同事研究与探索，习惯于引导学生开展探究、体验、实践等学习活动，习惯于多读书、勤思考、善积累、重反思……

（二）不断提升专业能力

在激发学生学习兴趣的过程中，知识渊博的教师所起的作用是无可替代的。作为教师，提升专业能力的途径之一是"善学"。教师要善于学习，向专家学习、向同事学习、向书本学习，做到读万卷书。教师要读教育理论，丰富自己的理论素养；读专业书籍，提升自己的专业素养；读文学书籍，增加自己的底蕴；读哲学经典，净化自己的心灵。

"写"是梳理思想、形成智慧的途径。我们要勤动笔，多写，不为写而写，不为发表而写，为反思自己的教育工作不足而写，为厘清自己的教育思路而写，为构建自己的教育思维而写。魏书生老师说过："一名教师，若能每天坚持写今日大事记，少则100字，多则1000字，把每天的教育教学工作中留下深刻印象的事记下来并加以思考梳理，日久天长，这些小留痕就会沉淀、累积，使你变得与众不同。"的确，长期的留痕，会使你变得越来越优秀。读和写是通往自由的通道。我们要坚持阅读，准备好记录本，养成随时记录的好习惯，因为灵感的产生与消失几乎是同时的。这是提升专业能力的途径之二。

提升专业能力的途径之三："善研"教师要边实践、边思考、边做研究，研究教材、研究学生、研究课堂教学、研究学生管理。

此外，作为新教师，首先要把课上好，站稳讲台。最好的师德就是上好每节课。同时，新教师要多表达。"表达"是教师的本色，教师要多争取说的机会，把自己所思所想说出来，分享交流，给其他教师以启示。

作为一名老教师，我给新教师提出如下寄语：第一，张开嘴，就是要多问、多请教。教学工作不仅是一门科学，还是一门艺术。学无止境，有很多东西需要我们去学习，因此我第一点就是希望我们新教师能"张开嘴"，多问一问。不管是学生管理，还是教学方面，有问题多请教，不要羞于开口。问是一种学习，可以获得间接经验，使自己少走弯路，在"问"中成长。在"问"中思维才会碰撞，才会产生更多的智慧火花。第二，迈开腿，就是要"腿勤"。作为新上岗的年轻教师，单位一般会给大家"压担子"，大多数要承担班主任工作，那就需要"迈开腿"，平常要多在班里转转，及时发现并解决问题。同时，新教师要多听一听老教师的课、多听一听有经验教师的课，这样会成长得更快。迈开腿，踏踏实实学、实实在在做，把计划落实在行动上。"能力是干出来的"，多做才能锻炼自己的能力。第三，"敞开心"。无论是课堂教学还是学生管理、与家长交流沟通，如果遇到困惑、产生一些想法，新教师都可以开诚布公地和一些老教师、有经验的教师交流，在交流中得到启示、优化思路，更有利于问题的解决。人生没有白走的路，所以我们要踏实地走好人生的每一步。

总之，作为一名教师，我们要坚持阅读，在床头准备好笔与本；要学一点幽默，学会原谅自己和别人；让学生感受到你的关注，不要吝惜赞美的语言；学会控制自己的情绪，做快乐的老师。做人，要有平常心。做事，要讲求效率。我们对待学生，不难为、不放纵；对待同事有善意，互帮互助；对待环境积极适应，少发牢骚，多干实事；对待生活怀着感激之心，珍惜现在拥有的一切。我们要守住朴实的教育心，做有责任、有担当、有爱心、有能力的与时俱进的好教师，让自己的人生因教育而精彩！

第二辑

凸显名师特色，做专业教师

——教师备课

指向"学为中心"的备课策略

备、讲、辅、批、考、研是教师的常规工作，其中"备"为首。备课是教师的一项重要工作。备好课，才能上好课。但备好一节课需要下足功夫，备课的时间要远远大于上课和改作业的时间。但在具体的实践中，备课情况并不尽如人意。各学校管理人员也是想方设法提高备课的实效性。例如，有很多学校开展教材解读活动，在此基础上，让教师设计教案、书写教案。有的学校使用电子教案，固定了教案的格式，让每位教师严格按照项目内容逐项写教案。还有的学校采用集体备课模式，让教师一起解读教材，分工备课，每人几个单元，把教案分为课本教案和精品教案，甚至为了落实备课的效果，有的学校还采用"周检"的方式，以督促教师认真备课。

尽管学校管理者采用了种种督促办法，但备课质量依旧不高。一位教导处主任感叹："有的教师写的精品教案简直不能看，寥寥数语，没有自己的想法，看不出设计的学习活动是什么，没有多大的价值。"不服务教学的教案不写也罢，纯属浪费时间。只有高质量备课才能成就高质量的课堂。

那么，该如何高质量地备课呢？我们先来了解备课的意义。

一、备课的意义

凡事预则立，不预则废。备课是教师对整个教学活动的预设，是高效完成教学任务的一个重要环节，备课质量的好坏直接决定着课堂教学的成败。我们的备课更应该是"备学习"，备学生的学习。

那么，备课包括哪些内容？备课一般包括钻研教材、查阅资料、了解学情、定教学思路、思考教学和学习方法、撰写教案等。

特级教师于永正曾说："反正不备课，或者备课不充分，我是不敢进课堂的。"课备不好，就上不出高效率的课。备课是教学的起点和基础，备课的重要性不言而喻。备课质量的好坏直接决定着课堂教学的成败，决定着课堂教学质量的高低。

二、关于备课的思考

对于备课这项常规工作，你平时是怎么做的呢？对照以下的问题思考：你是如何备课的？你有多久没有认真打磨一节课了？你认为自己在备课上下足功夫了吗？练习课、习作课、复习课、试卷评讲课，你备课了吗，怎么备的？你备课的步骤是什么？你觉得教案上要写哪些内容？备课等不等于写教案？你准备好在课堂上要提的问题和课堂评价了吗？……反思这些问题，可以让我们找到备课的方向。

关于备课，有调查显示：29.6%的教师靠教师用书备课，28.2%的教师靠教案集备课，26.8%的教师靠教师用书和教案集备课，15.4%的教师是通过查阅资料独立备课。其实，能做到独立备课的教师并不多。

我们曾对不同学校不同层次的教师进行访谈。关于备课的现状，有教师说："我们备课偏重于知识的讲解、传授。"教师总是在想自己怎么能讲清楚，学生怎么能学会。教师对于学生的学习能力、知识点价值的挖掘、学科素养提升这些方面没有研究、思考，设计得不够。还有的教师对课件依赖性较强，一节课对着课件讲，讲、练全在课件上。备课，就成了备课件了。同时，很多时候课件是找来的，教师稍做修改，或直接拿着到课堂用，这种"拿来主义"少了对教参、教材的深度研究，也导致了教师没有思考，没有感悟，没有对教材内容独到的理解。

在访谈时，还有的教师说："关于备课，一是有时忙于处理杂务，备课用的时间并不多，往往是简单备一下课就去上课了。二是课前教材研究没到位，重难点把握不准确。三是良好的备课习惯没养成。"突出重点，突破难点，这是课堂上要达成的最基本目标，可是，现实的课堂做得并不好。有教师坦言，并不是每节课都能达到突出重点，突破难点的。其原因是没有研透教材，没有设计好学习活动，也就是没有充分地备课。

每一节好课的背后教师都付出了艰辛。工作室一位成员所讲的"圆的面积"在国家级大赛荣获一等奖。赛后，他说："为了准备这节课我对教材内容反复研究，教学用书看了一遍又一遍，几乎看遍了所有相关的视频课例，翻看了所有杂志上相关的文章，进行构思、设计，想找到一个创新点真不容易。"不断思考、研究才会有独到的见解。优秀教师都是用心备课，善于研究教材的。

最近朋友圈中多位教师在转发郑英老师写的《教师的最高尊严在课堂》这篇文章。文章中写到国学大师、诗人吴宓教授。上课时，所有内容吴教授均能脱口而出，无论是带着学生品味《红楼梦》，还是分析莎士比亚的作品，他都是大段大段地背诵原文，讲到动情处，仿佛自己就是文中之人。吴宓教授像打磨钻石一样打磨自己的课，半夜时分，别人早已就寝，他仍在埋头备课；第二天一早，别人还在梦乡酣眠，他已在晨曦微露中诵读吟咏。他的课之所以厚重，并非守株待兔、坐享其成，而是功夫到家之后的浑然天成。

做教师，我们当向吴大师学习，做到敬畏课堂、珍爱课堂。那么，我们首先就要在备课上下功夫，既包括课前的"小备课"，也包括平时读书学习的"大备课"。备课就要进行教学设计，设计需要研究，研究需要下功夫。备课容易，但备好一节课、备一节有创意的好课却不易。

那么，到底该怎么备课呢？

三、备课的策略

1988年8月，我开始了自己的教学生涯，在耳濡目染中，我明白了备课就是要做到"五备"：备学生、备教材、备教学过程、备教法、备教学手段。这在当时是比较先进的理念。时代不断变化，我们的理念也会与时俱进，现在再来审视，原来提出的"五备"更多的是以"教为中心"的，是站在"教"的角度的。那么，指向"学为中心"的备课，应该备什么呢？应该做到"七备"：备学情、备教材、备学习目标、备学习活动设计、备问题设计、备课堂评价、备习题。

（一）备学情

波利亚指出，学生想什么比教师讲什么重要千百倍。美国著名认知教育心理学家奥苏贝尔说："如果不得不把教育心理学的全部内容简约成一条原理的话，那就是影响学习的最重要的因素是学生已知的内容。"了解学情可以使我们的教学更具针对性。基于"学为中心"的备课，我们更应该"备学习"，备学生的学习。

下面我们来共同分享一个教学案例：

"鸡兔同笼"问题是人教版教材四年级下册"数学广角"中的内容，原来在五年级。这部分内容虽有难度，但也很有趣。课前，我进行了一个学情调查："你们听说过'鸡兔同笼'问题吗？""听说过！"班里应答声一片。"会解决这个问题的请举手。"班里有10多名学生高高地举起了手。"你们怎么知道的？""我爸爸在百度上找到后，给我讲过了。""我在特长班学的。"……这么多学生听说过鸡兔同笼问题，还有十几个同学会解决，如果不是课前做了学情调查，我还真想不到，看来大数据时代，真的是"学习在窗外，他人是老师"。

有了课前的学情调查，课堂上，我放手让学生解决、讲解。上课伊始，我先出示了1500年前我国古代数学名著《孙子算经》中记载的这道数学趣题：

"今有雉兔同笼，上有三十五头，下有九十四足，问雉兔各几何？"

然后，在引导学生理解这道趣题的意思后，我把问题变为："笼子里有若干只鸡和兔。从上面数，有8个头，从下面数，有26只脚。鸡和兔各有几只？"我问学生："你们能解决这个问题吗？试一试。"几分钟过去了，好多学生还一筹莫展。"谁能解决这个问题？"课前说爸爸教过的女孩站起来说："我能解决，用 $26÷2=13$（只），$13-8=5$（只），这是兔的只数，鸡是 $8-5=3$（只）。"小女孩表述得非常清楚。其实，这名同学用到的方法是抬腿法，也叫半足法。先入为主，由于有了课前的学习，整节课她运用的都是这种方法。的确，第一印象很深刻。

按照惯常教法，老师们一般会按照教材给出的思路，先介绍列表法，再介绍假设法，最后介绍抬腿法。抬腿法以阅读资料的形式展示出来，以开阔学生的视野，丰富学生的知识。

"还有什么方法？"在特长班学过的那位小男生，在讲台上边讲边板书。讲了一遍后，他问："这种假设法，你们听明白了吗？"只有大概三分之一的学生举手了。看表情还有一部分同学听得一头雾水。"小老师，怎么办呢？""老师，让同学们讨论讨论吧。"在小组讨论后，又有两名学生讲解。在讨论和同伴的讲解中，大部分学生最终弄明白了假设法，有少数学生还是不太明白。这个地方是难点，也在我的预料之中，通过后面的环节，他们最终会明白的。

"还有方法吗？"学生也想到了列表法和方程法。至于画图法，没有学生想到。最后，我引导学生画图，画完后，教室里一片轻松的"哦"声，原来如此，学生恍然大悟。直观的图形，加深了学生的理解，让学生真正学明白了，学清楚了。

这节课，由于了解了学情，我在课堂上充分放手，让学生自己想方法，找策略，自信清楚地表达。听课的几位实习大学生感慨地说："这节课，老师没说几句话，都是学生在说，老师在听。""我知道了什么叫循循善诱了，好老师就要会引导。"

我们再看一个例子，这是一道练习题："有一个长4分米，宽和高都是3分米的长方体，沿长将它锯成2段，增加的表面积是多少？"学生有的得出18平方分米，有的得出24平方分米，出乎老师意料。老师本来觉得这道题没难度，为什么会出错呢？原来是学生对"沿长"理解有歧义，有学生认为是"横切"，也有学生认为是"竖切"。有时，老师觉得有问题，反而不成问题；有时，老师觉得没问题，反倒出现问题。所以我们要研究、了解学情。

备学生，到底备什么？

备学生的知识基础、学习经验、理解能力、学习习惯、思想状况、思维差异、学习难点、学生学习的路径等。还有一个问题我们必须在备课时想到、备到，那就是"上课时部分学生学习总是不投入"的问题。在有些课堂上，总有几个学生是课堂的旁观者。这部分学生要么在下面小声说话，要么做小动作等。对他们而言，"教"的行为在发生，而"学"的行为并未发生。所以备课时，我们要了解、分析学情，找出这部分学生不学习的原因：是知识断链、学习态度不端正，还是教学方式的问题、教学内容的问题、家庭原因等。只有分析清楚了，我们才能设计有针对性、有效的学习活动，尽量确保百分之百的学生参与到课堂学习中去，提高课堂教学效率。

总之，备好学生可以使我们设计的学习活动更符合学生实际，更具针对性，也使教学活动更加有效，避免盲目性，更重要的是，调动了学生学习的积极性。

（二）备教材

"汝果欲学诗，工夫在诗外。"要想上好课，功夫在备课。备课首先要研透教材。教师本身就是课程，只有教师明白了，学生才能明白。课堂是否有内涵，是否丰厚，在于教师对教材的理解的深浅。可以说，研究教材的程度是优秀教师和一般教师的"分水岭"。优秀教师都是善于研究教材，能较精准地把握教材的。

怎么备教材呢？

备教材可以从以下几方面入手：一是厘清教材思路、理解编写意图、读透知识背后的价值观；二是尽量研透教材，熟悉全册教材及整个学段教材；三是了解教材的知识体系、结构体系；四是深刻理解每节课在全册的地位和前后联系等，分析教材中的核心知识、找准重难点、定准训练点；五是研读教师教学用书中的有关资料、教学建议等，有助于教师很好地把握教材；六是研读教案中的备课资料；等等。

研究教材，整体把握教材，才能使每节课制订的目标比较科学、合理，课堂效率才能提高。例如，图形的运动内容，在人教版教材中安排了三次。第一次安排在二年级下册，让学生感知生活中的平移和旋转现象；第二次安排在四年级下册，主要研究了画轴对称图形、画平移后的图形；第三次安排在五年级下册，主要研究旋转的特征和性质。当我们研究了教材，明白了教材内容编排体系，就能准确定位目标。二年级主要让学生初步感知图形运动的现象，就不需要让学生去画对称图形和平移后图形。

在教学实践中，我们要多琢磨研究教材的方法，形成自己研究教材的策略。名师支玉恒老师研究教材时，先读教材，读一遍把书合起来，然后忆教材，回忆教材的主要内容。他觉得此刻留在大脑中的就是文章的主要内容，是作者浓墨重彩的地方，也是课堂重点突出的地方。

特级教师于永正研究教材分四步：第一步，抓关键词语、精彩之处、课文重点难点。第二步，备朗读。不仅自己朗读课文，一遍遍地多读，还听别人读。第三步，揣摩课文的意境、思想感情。正确领会作者的遣词造句、谋篇布局的意图。第四步，思考、做课后习题。

"教师最重要的教学基本功是独立备课。"特级教师贲友林认为，备课是根基工程，上课是面子工程，备课比上课更重要。他提倡独立备课，认为备课写教案就是一种写作，认真写出的具有自己思考的教案就是作品。他总是在休息日研究教材、进行备课，也总是在无人处品味、反思自己的教学设计、教学方式与效果。看教材—写教案—再看教学用书的独立备课方式成就了他课堂的高光时刻，成就了他在全国赛课的一等奖。

我平时是怎么备教材的呢？一是看教材内容定思路，即先打开教材研究内容，初步定下教学思路，形成"脑案"。二是研究教学用书完善思路。在研究完教材、有了初步的教学思路后，我会打开教师教学用书，研读编写者的意图和教学建议，完善自己的教学思路，思考学习活动的设计。三是快速浏览他人教案，看看有无可借鉴的地方。等到有了成熟的想法后，我再开始写教案。我觉得备教材，就是要备出自己的思考、自己的思路。有些课，特别是非常规的课，有时会觉得无头绪。遇到这种情况，我一般是不按教材的思路走的，而是自己厘清教材，按照自己的思考进行设计。这样的设计才能更有利于课堂教学。解读教材，融入自己的思考，才能设计出灵动的教学方案。

教案写什么呢？一般情况下，写教学内容、教学目标、教学过程、板书设计、教学反思。除了这些，还可以写什么呢？过渡语、引领学生探索的大问题、解决问题的思路、习题设计等。

教师把教材钻研得深，悟出的道理就透彻，对教材就能正确理解、准确把握。教师不能带着疑问或困惑走上讲台，而是要带着预见、思考、智慧走上讲台。研究教材的最高境界是"通透"，即既能纵向整体把握教材，又能横向整体把握教材，知道知识的来龙去脉，从哪里来到哪里去。虽然短时间做不到，但久久为功，只要不懈努力，就会越来越接近这种境界。只有这样，才能把教材读懂，才能寻找到最优化的教学方案。

（三）备学习目标

落实"学为中心"的理念，从"教"转向"学"，教师的角色转变了，成为学生学习的设计者、资源的提供者、自主学习的支持者、学习活动的对话者。教师的主要任务是设计学习目标和任务，提供资源、工具和脚手架，对学生的学习情况进行诊断，提供及时性反馈。

学习目标是学生课堂学习的根本出发点和归宿。它对学生的自主学习具有导向性、指导性和评价性作用。但是，当前学生的目标感普遍欠缺，学习完一节课，说不全或说不出学习目标的大有人在。所以，我们要备学习目标，不仅教师清楚教学目标，学生也要知道学习目标，让目标对学生可见。

怎么备学习目标？

首先要区分清楚教学目标和学习目标。学习目标既要包括知识目标，还要包括素养目标，并且学习目标要让学生明白学什么、怎么学。另外，学习目标的陈述要尽量体现三要素：具体知识、学习途径、学科素养。教学目标是让教师看的，出发点是为教师的教服务的，而学习目标是为了让学生更好地自主学习。在备课时，我们的出发点应立足学生，研究并制订让学生看得见的自主学习目标，以此培养学生自主学习的能力。

例如，"容积和容积单位"的教学目标和学习目标制订如下。

教学目标：

1. 使学生理解容积的含义，知道容积单位及它们之间的进率，会计算容积。

2. 培养学生的观察能力和解决问题的能力。

学习目标：

1. 能举例说出什么叫容积，知道容积单位有哪些。

2. 能说出常用容积单位间的进率，并知道容积单位和体积单位间的关系。

3. 知道长方体和正方体容器的测量方法。会正确解决生活中关于长方体和正方体容器容积的计算问题。

4. 能说出容积和体积的相同点和不同点。

5. 通过活动感知容积单位的实际意义与实际大小。

再如，"认识轴对称图形"的学习目标可制订为：

1. 通过观察、操作、想象，初步认识轴对称图形，能判断一个图形是否是轴对称图形，培养空间观念。

2. 知道对称轴的画法。

3. 通过欣赏现实世界中的对称现象，感受对称美。

这样的学习目标设计，既有知识目标，也有素养目标；既有要掌握的具体知识，又有学习的途径。"认识轴对称图形，能判断一个图形是否是轴对称图形，知道对称轴的画法"，这是知识目标。"培养空间观念，通过欣赏现实世界中的对称现象，感受对称美"，这是素养目标。学习的途径是"观察、操作、想象"。如果我们思考的仅仅是知识目标，显然是不全面的。指向知识为本的教育是没有生命力的。未来比的是智慧，而不是知识。所以，要落实"学为中心"的理念，我们一定要既关注知识目标，又关注素养目标。

（四）备学习活动设计

站在"学为中心"的角度，教学设计的基本要素有问题、活动、评价。与之相对应的是要做什么、怎么去做、怎么做好。有专家把教学设计的这三要素称为"课堂教学的三基石"，由此可见学习活动设计的重要性。学习活动设计是课堂教学的关键，活动是有效学习的基点。"学为中心"的课堂要重视学习活动设计。

"灌输式"的课堂会忽视学习活动，这样的课堂缺乏生命活力。而"学为中心"的课堂是学生要围绕教师设计的学习活动进行探究，因此我们要特别重视学习活动的设计。设计的活动是为达成学习目标服务的，所以学习活动的设计与学习目标要相匹配。学习活动设计得好，才能吸引学生，才能提高课堂效率。好的教学设计总会让人觉得眼前一亮、耐人寻味。

目前，设计学习活动是许多课堂的不足之处，具体体现在以下方面：一是活动设计重视"教"，轻视"学"。想如何"教"的多，想如何"学"的少。二是活动设计比较随意。许多是"拍脑门"想到的。没有精心设计活动，就不会有高质量的课堂。三是学习活动设计琐碎，缺乏整体意识。

如何设计课堂学习活动？

学习活动的设计必须为解决问题服务。好的学习活动设计是围绕一个主问题或者一个具体的主题，分步骤、递进展开的，是从低到高，具有层次性，引导学生步步深入、利于解决问题的。好的学习活动设计要求目标明确，方式清晰，利于自主探究、合作探究，能够让学生自主发现并得出相应的结论；体现"做中学"的原则，让学生经历知识建构的过程，深刻感悟、体验知识建构的过程。

一个完整的学习活动设计应包括活动任务、活动形式、活动方法、活动结果。例如，"分数除以整数"这节课设计了如下的学习活动：以小组为单位折一折、算一算，每份是这张纸的几分之几。这一学习活动，学习任务是求出每份是这张纸的几分之几，组织形式是小组讨论，活动方法是折一折、算一算。学生明白了要做什么、谁来做、怎么做，就能更好地进入学习状态。

再如，《小英雄雨来》第二课时，其中一个学习活动，老师是这样设计的：

快速默读文章第三、四部分，思考以下问题。

1.雨来是如何掩护李大叔的？从中你体会到什么？画出相关语句，做批注。

2.雨来与鬼子做斗争时，说了什么？在什么情况下说的？你从中体会到什么？画出相关语句，做批注。

3.雨来为什么这样做？画出相关句子，说体会。

先独立学习，有想法后在组内交流。

学生自主学习完后，开始全班交流。这个学习活动的设计既有明确的活动任务——做什么，也有怎么做。学生在老师提供的"学习支架"下自主探究。这样的活动设计，可以使学生的学习活动更有序、有效。

又如，人教版六年级上册"复杂的分数实际问题"这节课，老师设计了如下的学习活动。

课前独学：课前，老师下发研究单，让学生独立思考解决下面的问题。

鸡的孵化期是21天，鸭的孵化期比鸡长1/3，鸭的孵化期是多少天？

课堂上，老师设计了如下的学习活动。

师：请同学们拿着研究单，带着自己的思考，在小组里共同学习和讨论。老师有几点提醒：①说。结合线段图，清晰地表达自己的想法，让组内同学清楚明白你的意思。②听。认真评价同伴发言，及时进行质疑补充。③写。及时记录下组内成员有价值的建议和想法。

学生在独学的基础上进行小组合作学习。老师给出了明确的"合学"活动的建议和要求，让学习更有指向性和目的性。小组学习后，进入全班学习环节。这样的学习活动，学生全部参与，从个体独立思考到小组合作学习，再到全班学习，每一个学生都有交流自己思考的机会，学生是"真学习"。当形成了学习的共同体时，学生就不会厌学。

苏霍姆林斯基曾说："学生的许多问题，如厌学、精神不振等，都是由学生没有看到自己的力量和才能所造成的。学生学习的最大苦恼，是看不到自己的学习效果，得不到应有的回报。"

如何破解学生看不到学习成果而厌学这一难题呢？如何提高学生的获得感，让学生动起来？基于此，备课时，我们要创造性地设计学习活动，让学生在搜集、探究、展示、反馈的过程中建构知识、发展思维、提升智慧、培养品格，通过让学生动起来，获得成就感，激发学生学习的动机。

福建师范大学余文森教授认为，教育的本质就是学生与知识的相遇与对话。知识、方法、规律等由学生自己总结得出，老师帮助学生发展思维，让学生获得学习成果。因此，在备课时，我们要多设计一些让学生阅读、思考与表达的学习活动，从而激发学生学习的积极性，使学生掌握知识，形成能力，发展素养，同时提高自主学习的能力。

（五）备问题设计

问题驱动教学。中国人民教育家、思想家陶行知曾说，发明千千万，起点是一问。问题意识是思维的动力，是创新精神的基石，也是成功学习的本源。问题质量的优劣直接决定着教学成功与否，所以教师备课要高度重视问题设计，为学生提供优质问题。设计优质问题对我们每位教师来说都是挑战。

如何设计优质问题？

（1）问题设计应立足于引发认知冲突，激发思维碰撞，用问题点燃学生的思维、激发学生思考。例如，综合与实践课"打电话"中，设计了一个这样的问题："按照上面打电话的方式，紧急通知50人为什么需要6分钟，而不是5分钟呢？""认识负数"一节课中提出了："有了正数为什么还要有负数呢？""2、5的倍数看个位，3的倍数为什么不能看个位？"这样的问题能激发学生思考，因为能引发学生思考，所以有价值。

（2）问题要有思维含量。课堂上要多一些分析性、综合性、评价类的问题。例如，在"分数除法"一课的教学设计中，教师通过"这位同学用了乘倒数的方法，这样做是什么道理呢？"这个问题引导学生讨论、分析、阐述分数除法的算理。"正比例和反比例有什么联系？""平面图形的计算公式是怎样推导出来的？它们之间有什么样的关系？"教师通过这样的问题发展学生的结构思维，以问促思，以问促学。

（3）精简课堂提问，多提大问题。教师设计的问题不要太多、太浅、太小，多设计大问题、开放性的问题、高质量的问题。大问题，学生思考的空间才更大，如"打电话"中的大问题："如何能尽快通知到每一个人呢？""确定位置"中："怎样用平面上的数来确定物体的位置呢？""圆有哪些特征呢？""三角形的三边有什么样的关系？"这些大问题，可以激发学生的思维，让学生有更大的思考空间。

（4）问题设计要面向批判性思维。教学中，我们要培养学生的理性思维，尤其要注重培养学生的批判性思维。批判性思维是引导学生去伪存真、认识事物本质的一种思维方式。像"为什么这么想？""推理过程合理吗？""解答过程正确吗？""你觉得是哪个地方有问题？"……这些都是批判性思维的问题。"这个句子是什么意思？""这个段落的中心句是什么？""这个算式表示的意义是什么？"……这些都是再现思维的问题。具有批判性思维的问题，能引导学生突破思维模式，创造性地建构知识。

罗振宇曾在第五场跨年演讲中提到一道中学测试题——给一个《史记》人物写求职简历，一道小学语文题——如果你想增加一个节日，理由是什么？如果你想减少一个节日，理由是什么？这两道非课本上的常规题目启发我们，要让学生与现实世界接轨，发展学生的思维，培养学生的创新精神。罗振宇认为，教育的本质是"人点亮人"。作为教师，我们要善用问题"点亮"学生思维。

我们平时所说的"驾驭课堂"，其中就包括驾驭学生的学情，驾驭学生思维的动态。

顾明远教授说："教育的本质是培养思维，培养思维的最好场所是课堂。"课堂上，只有优质的问题才能激发学生思考，培养学生的思维和创新意识。因此，备课时，我们要高度重视"备问题"，反复地琢磨问题，思考所设计的问题指向是否明晰，学生能否看懂，思考价值大不大……

2012年，世界经济合作与发展组织发布的报告《为21世纪培育教师、提升学校领导力：来自世界的经验》中指出，21世纪我们要培养学生的基本技能，必须培养学生的批判性思维、创造性思维以及生活方式。在日常教学中，我们要多设计能发展学生思维的好问题。

（六）备课堂评价

评价是智慧学习的保障，我们要用好课堂评价。有人说，评价是世界性的教学难题。有教师认为，备课时不用备评价，课堂可根据实际情况随机评价；还有的教师说，自己只在准备公开课时，才仔细地推敲评价语。在当下的教学实践中，常见的评价有结果性评价、小组量化评价（捆绑式评价）、口语化评价等。在实施评价的过程中，我们应当改进结果评价、强化过程评价、探索增值评价。

如何设计课堂评价？

（1）设计自主评价环节。激励学生自主评价，才能使学生成为学习的自律者和主动发展者。柏拉图曾说，最先和最后胜利是征服自我，只有科学地认识自我，正确地设计自我，严格地管理自我，才能在历史的潮头去开创崭新的人生。自主评价可以促进学生自我教育能力的形成，促进学生的终身发展。

我们可以从知识习得、方法策略、课堂行为等方面进行自主评价，可设计的问题："你觉得自己的方法怎么样？""你是否认真倾听同伴的发言并积极进行思考？""回忆这节课的学习过程，你有什么样的学习体会？""你能评价一下自己这节课的表现吗？""这节课，你最大的收获是什么？""这节课你遇到困难了吗？你是如何解决的？"……

（2）设计评价时，让评价与学习同时发生。将评价融合到学习过程之中，让评价不再是学习的终结，而是改进学习方法、提高学习能力的载体。我们要恰当掌握评价的时机，做到及时评价、准确评价，评价真诚、恰切，以达到激励和改进学生学习行为的目的。

（七）备习题

记得自己在刚开始从教的时候，害怕学生在课堂上对某些习题的答案提出异议，或说出形形色色的答案，提出不同的思路看法，自己不能从容应对或果断裁决，从而在学生面前失去尊严，所以我在备课时用两个备课簿：一本用来写教学设计，另一本专门用来备习题。我根据学习内容，从不同的资料里筛选习题，然后规范、认真地进行解答。这样的习惯我一直坚持了多年，不知不觉中提高了自己的专业基本功。所以，备课要备习题，不仅备习题的设计，还要亲自做一做。

一位入职两年的年轻教师，每次测试，他的班级的成绩总是名列前茅。问他是如何做到的，他说主要做了一件事，那就是在备练习题上下功夫。因为研究教材时，他觉得总是把握不准教学的重难点，这时就会认真看教学用书，加强对教材内容的理解，并在此基础上精心设计"导课环节"吸引学生，设计"星级题目"检验学习效果。他把练习题分为一星、二星、三星题目，从基础题到拔高题，学生在一级级挑战中，享受学习的快乐！

于永正老师对于学生要造的句，在备课时都会写一写，造一造，课后的习题都会在备课时做一做，做到心中有数，从而在上课时有的放矢。备习题，可以提高解题能力。解题能力也是教师的一项基本功。作为理科教师，备课时最好把让学生做的题目自己先做一做，这样可以使我们的选题更有针对性；作为文科教师，则需要多读读课文，对于问题自己心中要有答案，尽可能把各种答案都找到。现在我还一直保持这样的习惯：课前认真筛选题目，课堂上让学生练习，发现好的习题记录下来。这种积累习题的做法，使学生的练习更具针对性，也能促使自己的专业能力提升。

四、备课技巧

关于备课的技巧，我总结为32个字：择要而备，简洁平实；一线穿珠，整体把握；大备小备，丰厚充实；一备再备，沉淀积累。

"择要而备，简洁平实。"备课时，我们要有所取舍，内容不要太多，容量不要太大，聚焦主题，目标集中，不贪多求全、不复杂烦琐、不华而不实。学会取舍是一种智慧，备课时，我们要勇于舍弃，避免因想面面俱到而导致"贪多嚼不烂"。例如，一节语文课上有阅读分析、随文练笔、朗读指导、写作方法、表现手法、构段方法、修辞手法、关键词语理解、造句、说明道理等，都想让学生掌握，这是不可取的。我们要择要而备，择要而教，实现课堂简化是我们备课中必须注意的问题。

"一线穿珠，整体把握。"备课时，我们要对课堂整体感知与把握，用一个主题或一个问题把课堂串起来。例如，"三角形三边关系"一节课，以"三角形的三条边有什么样的关系"为线贯穿整个课堂。再如，万小丽老师的"用字母表示数"用"动物园里小动物跳格子"的主题，巧妙地将学生置身于问题情境中，经历从未知到已知的过渡，感受符号的优越性，理解含有字母的式子既表示结果，也表示关系，培养学生的符号意识。

"大备小备，丰厚充实。""小备"：钻研教材、查阅资料、搜集信息等。"大备"：读教育学著作、教育教学杂志。

《道德经》上说："合抱之木，生于毫末；九层之台，起于累土。"做事情要打好基础，备课也要做好知识的储备。读《课程与教学论》《我们如何思维》《跨越断层，走出误区："数学课程标准"核心词的解读与实践研究》等理论书籍，读《小学数学教师》《小学教学设计》《小学数学教育》等杂志，也可以读一些非专业的书籍，如《读者》《视野》《杂文》等。读这些书，能开阔自己的视野，滋生灵气。如果长期让书香浸润自己的灵魂，不断丰富自己的精神底蕴，那么备的课就会显得丰厚。

此外，"大备"还要多看一些优质的教学实录，学习别人，发展自己，优质的教学实录都具有一些创新性，在学习的时候，可以启发、激发我们的灵感，从而让我们产生新想法。

"一备再备，沉淀积累。"其一，同一内容，原来备过，再讲时，课前仍需要根据对象的变化、经验的积累、知识的发展、教学的变革进行调整、补充、完善。其二，一节课反复备。

备课要丰厚扎实，上课要简单深入。

思维引领，教材解读的方法策略

教材是体现课标要求，落实教学活动的有效载体，也是学科素养落实的保障。

教师教学要依据教材，学生学习要依靠教材。教材，是连接教师和学生的桥梁，伴随着每一名教师职业生涯的始终。作为教师，要经常读教材。读"懂"、读"透"教材是对教师的基本要求，能达到"通透"则更好，这是教师专业化水平高的重要体现。

叶圣陶说："教材只能作为教课的依据，要教得好，使学生受益，还要靠教师善于运用。"天津市教育科学研究院王敏勤教授认为，把握教材是一个教师永远的基本功。只有准确地解读教材，才能用好教材。教师对教材的解读和运用能力直接影响学生学习活动的效果。

下面我们将从教材解读意义、教材解读的内容和方式、教材解读存在的问题、教材解读的方法策略几方面进行探讨。

一、教材解读的意义

教材是指供教学使用的资料。广义的教材指反映学科内容的教学用书，如课本、教师教学用书、练习册等。狭义的教材指教科书，指依据课程标准编制的系统反映学科内容的教学用书。它是课程的核心教学材料，是教师"教"和学生"学"的重要媒介。本书谈到的教材解读，主要是指解读教科书。

教材解读就是对教材中的内容进行理解、分析、挖掘、梳理，获取相关有用的信息，通过对教材内容的解析制订教学计划。

教材解读一直是教师工作的重要内容，它关系到课堂教学的设计、实施，更关系到教学目标的实现、教育目标的达成。读好教材可以有效提升学生学力，发展学生核心素养，促成有深度的课堂教学。教师对文本解读的程度决定了课堂教学质量的高度，如果教师能准确、全面、有质量地解读教材，将会提高教学的质量。只有"读透"教材才能灵活地运用教材。

二、教材解读的内容和方式

教材解读的标准是什么？答案是没有统一的标准。解读教材是一种动态的建构活动。只有对教材深度解读，才能构建有深度的课堂教学。那么，教材解读到底"解"什么？解教材内容的价值、解知识的本质、解编者的意图、解思想方法、解学生学习会遇到的疑惑点。"读"什么？读文字、读图（主题图、插图）、读表、读例题、读问题、读提示语、读旁注、读留白、读练习题。教师通过解读教材，找准教学重难点、定准教学目标、选择教学方法。

教材解读的方式有哪些呢？

现在许多学校都比较重视对教材进行解读，常用的教材解读方式有自主解读、集体解读、自主解读+集中解读。一般多采用"自主解读+集中"的模式，即先自主解读教材（一般放在假期中），教师独立对教材进行研究，解读时留下"痕迹"，把自己的思考、疑惑、灵感记录下来，以确保自己是带着思考参与到集体解读中的。然后在教师个体自主解读的基础上进行集中的解读，主要是开学后，以年级组为单位开展教材的再解读，教师在碰撞交流中，实现对教材的准确把握。

有些学校将教材进行分解解读，即学科主任或年级组骨干教师对整本教材进行"通解"，其余教师分别进行各个单元的重点解读。其实，教材解读可以从以下几方面入手：解读本学科的学段教材、整本教材、单元教材、课时教材。教师通过解读，理解学科知识的结构，明确各年级、各学期知识之间的衔接，了解知识的整体布局，清楚教材中的每个知识点、素养点。

教材解读如何表达？

可以采用文字+表图的形式，也可以使用思维导图的形式。文字表达更加清晰，导图表达更直观。

"这重要、那重要，教材解读最重要。"解读教材能力是教师专业能力的重要方面，是提升教师学科素养的重要路径之一。它和课堂实践能力同等重要，准确地解读教材有助于教师理解教学内容的实质，明确教学的方向，形成正确的教学路径。

三、教材解读存在的问题

对教材进行解读是教师日常工作的一个重要组成部分。只有正确解读教材，在正确解读的基础上深入解读，才能真正读懂教材。只有读懂教材，才能确定准确的学习目标、找准重点难点，合理设计和开展教学活动，促进学生的发展，实现教材的价值。

在实践中，又有多少教师真正把教材读"懂"了、读"透"了呢？事实上，一些教师还存在不注重深入研究教材，不注重整体地去把握教材，对如何有效地解读教材认识和实践不足的问题，主要表现在以下几个方面。

（一）主题图的价值没发挥出来

教材的主题图是小学数学教学中的一种课程资源，是教与学的帮手，利用好主题图可以促进教与学。但在教学实践中，有教师不在意主题图，认为主题图没多大用处，甚至有教师认为根本不需要主题图。另外，还有教师对主题图编写的意图不能充分理解，导致教材的主题图没有发挥其潜在的应用价值。

其实，教材中的主题图隐含了教育教学的价值，不仅为教学提供大量的丰富的资源，还能激发学生学习的兴趣。例如，"鸡兔同笼"问题，人教版教材安排在四年级下册，教材上的主题图是笼子里装着鸡和兔，让学生直观理解"鸡兔同笼"问题；主题图的下面是古代课堂的情境，借助这一情境介绍了《孙子算经》中记载的"鸡兔同笼"原题，并通过呈现课堂上学生苦思冥想的画面激发学生解决该类问题的兴趣。这里主题图的价值：一是让学生直观认识"鸡兔同笼"的意思，二是介绍这个我国古代著名的数学问题，三是激发学生解决这类问题的兴趣。教材中通过小精灵明明提出问题——"这个问题你能解决吗？"来激发学生探究的兴趣。

在实际教学中，有些教师没有用这个主题图，而是直接出示例题——"笼子里有若干只鸡和兔。从上面数，有8个头，从下面数，有26只脚。鸡和兔各有几只？"让学生探索解决的方法。学生通过自主探究也能找到解决的方法，但如果利用主题图看似花费了一些时间,却更能激发学生学习的兴趣。

教材中的主题图一般都与学生的生活相贴近,不仅可以激发学生学习的兴趣,而且蕴含着大量的数学信息,是学生学习的素材。从一年级开始,教材中就有"聪聪""明明"等卡通人物陪伴学生学习。教材的编写者还精心编写了提示性问题,这些都为学生更好地学习提供了帮助。因此,在解读教材时,我们要读懂主题图、厘清主题图,教学时要用好主题图,让主题图"增值"。

(二)对教材解读得"太浅"

通过观察、访谈发现,有相当一部分教师在解读教材时,就是看看教材和教参,缺乏个人的思考,对知识的本质认识不到位,理解比较"浅",存在对教材理解的深度不够,对教材"吃不透"的现象。其原因包括:一是课前没有对教材进行全面、深入的研究。二是由于学科知识的局限,不能深入地解读教材。三是对教材进行"碎片化的分析",所以不能系统地认识教材的知识结构体系。四是过分关注知识与技能,忽视其背后隐含的数学思想方法。教师对教材解读得"浅",所以在课堂上就会照本宣科式地教学,这样势必会影响课堂教学效果。

随着时代的发展,教材的功能也在发生变化,它已不是教学内容的全部,而是教学材料,是教学活动的组成部分。如果教师不能对教材进行深入理解,没有对教材内容进行深挖,课堂教学就会显得单薄、欠缺内涵。不能对教材内容进行深入挖掘和利用,会影响教材核心价值的发挥。

教材是教师教学的重要载体。教师对教材解读的程度决定了其教学的深度。只有教师对教材的知识结构有清晰的认识,才能让学生学得明明白白。教师要立足学情对教学内容进行适当的筛选、调整、补充、拓展,使教学内容更符合学生的学习需要。

(三)解读教材的能力偏弱

经常有教师问这样的问题:"教材解读到底解读什么?如何解读?"尤其是一些入职时间短的年轻教师困惑比较多。也有教师认为:"解读教材就是看一看教材上有哪些知识点,想一想怎样去教。"他们觉得解读教材是一件容易、简单的事情。由此可见,教师的教材解读能力需要在培训、引领、指导和交流中提升。

教材解读就是把"教材文本"变为"头脑中的文本"，也是把"教材语言"变为"教师语言"。这就要求教师具备教材解读的能力，能够准确细致地了解教材文本内容，从而提高教学的有效性。但目前仍存在教师解读教材能力偏弱的情况，原因之一：部分教师经验不足，无法准确地把握教材的重难点，不能准确理解和掌握教材的内涵。原因之二：有一部分教师用很少的时间研读教材，蜻蜓点水式读教材，所以对教材把握不准，没有读透教材。原因之三：有一部分教师没有掌握教材解读的方法。

在解读教材过程中，多数教师比较注重"怎样教"的分析，是站在"教"的角度解读教材，对"学什么"和"怎么学"的研究分析比较少，结果造成学生难以在学习中获得方法，积累思维。出现这种现象的原因是教师对教材的内涵理解不够，对教材的编排意图认识不足，导致解读教材的能力偏弱。

为了激发学生的学习兴趣，现在的教材增添了许多图片，使教材更为生动，教师在解读教材时，就要对这些图片进行反复的思考、分析，了解图片和数学知识之间的内在联系，找到切入点，从而设计合理的教学方案，提升课堂教学质量，实现减负增效的目的。

例如，解方程是人教版五年级上册第五单元《简易方程》中的内容。一位年轻教师在教学这节课时，设计了这样的教学环节：直接出示例题，学生看图列方程—学生尝试解方程—交流解方程的方法—强调书写格式—学习解方程概念、方程的解概念—共同总结解方程的步骤。新知学习的过程为十多分钟，剩余的时间是大量的练习。虽然学生通过大量的练习也知道怎么去解方程，但对解方程的道理感悟得肤浅，这是一种灌输式的学习。评课时，我问他为什么不利用教材上的图片内容。这位教师坦言："我知道教材中的天平图有用，但我不知道怎么使用，不知道它和解方程怎么才能联系起来。"

其实，教材中的三幅天平演示图所呈现的就是一种"图解"，是在说明利用等式性质解方程的道理，它展示了解方程的完整思考过程。第一幅天平演示图的左边是三个小方块和X，右边是9，此时天平平衡，说明$X+3=9$；第二幅天平演示图左、右两边各去掉3个小方块（也就是方程左右两边同时减去3），天平仍然平衡；第三幅图，天平的左边剩X，右边剩6，天平平衡，说明$X=6$。

这是学生第一次学习解方程，解简单的形如"$X \pm a=b$"的方程，利用的是等式的性质，等式两边同时加或减同一个数等式仍相等。图中的每一步与解方程的每一步相对应，教学时，教师可以利用动画演示，加深学生对解方程道理的理解。上面例子中的讲课教师因对教材解读不到位，所以没有发挥教材内容中"图"应有的价值。

教学内容和教学方法是学科教学的两个重要因素。相比较而言，教学内容更为重要，只有教学内容清楚了，才能找到有针对性的教学方法，所以我们要对教材进行深入研究。教师在解读教材时，要透过文字、图形和符号等，知道其内容和内涵，明确教材要给学生传递什么知识，要提高学生哪些能力，让学生体会什么样的数学思想方法。教师在这样的解读过程中积累经验，不断提高教材解读的能力。

四、教材解读的方法策略

教材解读要做到"四读"：读懂、读透、读通、读活。"读懂教材"，即读出教材中的显性知识和隐性知识，理解教材中旁白、提示语的作用，知道"是什么"和"为什么"，能把握知识的重难点和学生学习的疑点、盲点。"读透教材"，即能准确把握课时教学内容在单元教学内容中的地位、作用、意义等，直至在整个学科教学中的意义。"读透教材"还指能动态地研读教材，把握教材知识和学生经验的衔接，尽量做到教与学的"无缝衔接"。"读通教材"即通过对教材的解读，明白知识的前后联系，明白知识之间的联系，建构知识结构体系。"读活教材"就是将教材中的知识进行融会贯通的解读，找出看似不相关的教学内容内在的联系。例如，计算整数加减法时"末位对齐"，计算小数加减法时小数点对齐，计算异分母分数加减法时先进行通分使分数单位相同。从形式上看，算法各不同，但是通过比较会发现计算的道理实际上是一样的，都是"计数单位相同才能直接相加减"。

知道了"解"的内容、"读"的内容，以及解读的要求，那么，怎么"解"，怎么"读"呢？教材解读需要注意什么？怎样才能做到"四读"呢？可以从以下几方面努力。

（一）以学生的视角阅读教材

解读教材我们既要站在"教者"的角度分析、理解教材，也要站在"编者""学者"的角度去思考。站在"编者"的角度，思考"编者为什么要这样编写教材？"站在"教者"的角度思考"教什么？""怎么教？""如何设计学习活动才能最大化地实现教材的价值？"站在"学者"角度，我们要思考"学生学习的起点在哪儿？""学生有类似的经验吗？""设计什么样的教学过程才能达成教学目标？"教师理解把握了教材，并不等于教材解读结束。教师的理解不能替代学生的理解，要从学生的角度来思考：学生在学习时会遇到什么样的困惑、会有什么样的感受。教师要在这一基础上确定教学目标、选定学习材料、设计学习活动，这样才能落实"学为中心"的理念。

站在学生的角度读教材，就是要关注学情。例如，《负数的认识》这节课，学生的困惑点在对"0"的含义的理解上。在这里"0"变为"原点""界限"。学生只有明白了"0"的含义，才能明白"负数"这个概念的本质：正数和负数是表示意义相反的两个量。

站在学生的角度读教材，我们要分析学生已经知道了什么，哪些知识之间有联系，为后面哪些知识打基础。只有以这样一种整体解读的思想来梳理教材，才能在教学中游刃有余，也才能把更多的精力放在关注学生上，放在促进课堂的生成上。例如，《乘法分配律》，学生在认识了乘法之后，就会有这种"分配"的意识，列竖式笔算乘法实际就是乘法分配律的直接应用。基于学情，教师可以在低年级就渗透乘法分配律，对于此，学生是可以接受的。

站在学生的视角读教材，教学设计会更具有针对性。重叠问题是人教版三年级下册"数学广角"中的内容，渗透了集合思想。教材例题编排了学生熟悉的跳绳、踢毽比赛的题材，以统计表的方式列出了跳绳和踢毽的学生名单（跳绳9人、踢毽8人）。问题是"参加这两项比赛的共有多少人？"在解读教材时，我们可以发现，编者设置了两个环节。第一个环节引起学生认知冲突。通过"一共有17人"这和实际参加这两个课外小组的总人数不相符，引起学生的认知冲突。第二个环节是如何表示能清楚地看出来一共多少人。计算"参加这两项比赛的共有多少人"不是编写者的最终意图，重要的是如何清楚地表达。通过解决问题，渗透集合思想，并用韦恩图直观地表达出来，帮助学生解决问题，这才是重点。

如果我们直接列算式计算，会有一部分学生对于"重复计算的人数要减去"不理解。我们可利用连线的方法和集合图表示，这样学生就可以直观地发现重复了多少人，理解为什么要减去重复的人数。另外，这种方式还向学生渗透了集合的数学思想。鉴于此，读懂教材后，在设计教学时，我们要让学生经历集合图的形成过程，理解集合图各部分的意义。

再如，人教版教材关于"分数的认识"安排了两次：第一次在三年级上册，借助操作让学生初步认识分数；第二次在五年级下册，这次从感性认识上升到了理性认识。我们不仅要让学生知道分数是怎样产生的，还要让学生理解分数的意义，会用自己的语言表达具体分数的含义。此外，我们还要让学生理解分数单位的含义。这是起始课、基础课，是为后面学习分数的相关知识奠定基础，所以必须引导学生深刻体验、感悟概念，理解意义。

站在学生的视角解读教材，我们不仅要明确应该让学生掌握的知识点、落实的素养点，还要在解读教材时思考，学生学习这些内容对将来有什么帮助，以发展学生的核心素养为导向来解读教材。

（二）以动态的眼光研读教材

教材是静态的文本。静态的文字、图片等的背后，却隐含着丰富的信息需要教师去发掘。教师要以动态的眼光审视教材，将静态的教材文本转化为动态的学习活动。例如，人教版六年级教材中《圆的认识》，如果从动态的角度来解读，我们可以设计让学生画一画、剪一剪、折一折、比一比、量一量等学习活动，让学生在动手操作中感悟圆的本质：圆是到定点的距离等于定长的所有点的集合。

再如，《容积和容积单位》是一节多概念课，这节课涉及的知识点较多，有常用的容积单位、升和毫升之间的关系、升和立方分米的关系、毫升和立方厘米的关系、感知1升的大小、1毫升的大小、培养学生的量感、知道容积计算的方法、了解计算容积测量的方法和计算体积测量的方法有什么区别等。在解读这节教材时，我们要思考：如何使这些静态的知识动起来，让学生有深刻的体验、感悟，特别是建立1升、1毫升的量感。我们可以尝试做如下的设计：第一环节，可以拿装满10毫升水的瓶子让学生观察、感知，在操作中，让学生体会10毫升与1毫升；第二个环节，让学生分小组进行实验，用250毫升的易拉罐装满水，往1升的量杯里倒，看几杯能倒满，从而引导学生发现1升=1000毫升；

第三个环节，把1升水倒入1立方分米的正方体玻璃缸里，让学生发现升和立方分米的关系；第四个环节，设计学习活动，让学生找毫升和立方厘米的关系。

在上面的例子中，教师以动态的眼光研读教材。只有动手实验验证，经历概念形成的过程，学生才能对相关的概念有深刻的认识。经历知识形成的过程，也是把静态的知识转化成动态的知识的过程，更是落实学科素养形成的过程。只有经历了这样的过程，学生对知识才有深入的理解，学生理解了知识，才能记忆深刻。这就要求教师善于挖掘教材，将静态的知识转化为动态的知识。教师应多设计让学生活动的学习环节。

以动态的眼光研究教材，就要研究教材内容知识的本质和编排体系，思考如何将教材的内容变为教与学的活动设计。教材在进入教学过程之前，处于静态，为学生学习知识提供了可能。教师在解读教材时，要读出静态文本后的内在逻辑关系，读出文本后的故事，让教材活起来。有生命力的教材，才能造就富有活力的课堂。

（三）以整体的思想通读教材

著名特级教师吴正宪老师建议将零散的、碎片化的数学知识建立起整体化、系统化、逻辑化的数学知识结构，建好"承重墙"，启发我们要有"大单元、大概念、大任务、大问题"的思想，站在系统的高度解读教材，解读教材要有"整体观"。

数学是一门系统的、逻辑性很强的学科，各部分知识之间的纵横联系紧密。螺旋上升是教材编排的一个重要原则，所以，教师在教材解读时，要从全局的角度出发，注重知识的系统性、阶段性，把握知识的关键点、新旧知识的连接点，对教材进行整体性的解读，力求弄清每个知识点的"前世今生"，把握知识的本质和关联，从而对教材有整体把握。由点到线，由线到面，由面及体，形成一个完整的认识体系，从而使教学更具针对性。

整体性的解读可以分为横向结构性解读和纵向延伸式解读。横向结构性解读是指对相关的知识进行解读，建立起知识之间的联系，清楚每一部分知识应达成的目标，使教学设计更具针对性。纵向延伸式解读指对数学知识的来龙去脉进行解读，把某个知识点放在单元中、学段中，甚至整个知识体系中进行整体审视和考量。这种纵向延伸式的解读可以使教师清楚如何设计教学更合理，更有助于引导学生经历"数学化"的学习过程，使学生学得清楚明白。横向结构性解读则有助于学生建立知识结构体系。

例如，人教版五年级下册《图形的运动（三）》，从纵向上看，这部分知识是在二年级下册《图形的运动（一）》的基础上的学习。在二年级，学生已经初步感知了生活中的"平移和旋转现象"，《图形的运动（三）》则要求学生知道旋转的三要素，能用旋转的三要素描述物体是怎样旋转的，会在方格纸上画出旋转后的图形。从横向的维度解读，人教版教材中"图形的运动"共安排了三课，分别是二年级下册、四年级下册、五年级下册。二年级是感知生活中的平移和旋转现象，了解什么是轴对称图形。四年级下册的《图形的运动（二）》主要是研究在方格纸上画轴对称图形和平移后的图形，进一步加强对轴对称图形性质的认识，在找对称轴的过程中让学生明白对称轴图形有无数组对称点，对称点到对称轴的距离相等。《图形的运动（三）》则要求学生了解旋转的特征和性质，同时让学生在观察、描述、画一画中感悟旋转的本质：形状、大小没变，只是位置变了。在这种整体解读中，我们应明确每部分内容教学的起点、教学目标，从而使教学更具有针对性。

再如，人教版教材对"平面图形的面积"的编排，第一部分安排在三年级下册，认识面积和面积单位，探索长方形、正方形的面积计算方法、面积单位间的进率。第二部分安排在五年上册《多边形的面积》单元，探索平行四边形的面积、三角形的面积、梯形的面积、组合图形的面积计算公式。第三部分安排在六年级上册，引导学生探究圆的面积的计算方法。从整套教材编排的脉络可以看出，从直边图形到曲边图形，在探索面积计算的方法时，用"转化的思想"将平面图形的计算联成一个整体，各部分内容的编排体系类似，知识和目标环环相扣。

平面图形的面积推导有两种基本方法：一是"数方格法"，如长方形面积计算方法就是用了数方格的方法，数方格的方法实际上是关注面积的本质，即有多少这样的面积单位；二是转化的方法，平行四边形、三角形、梯形、圆面积计算公式等都是用"转化法"。虽然内容不同，但"转化法"把它们连在一起，成为一个体系。在平行四边形的面积公式的推导中，学生通过剪、拼感悟转化的思想方法；在三角形、梯形、圆面积公式推导中，让学生运用转化的思想解决推导的问题。在解读教材时，我们要整体解读，做到心中有数，在教学设计时，设计出层层递进的教学目标和基于学生认知起点的学习活动。

又如，"求一个数的几分之几是多少"和"求一个数的几倍是多少"相联系，它们都根据意义来列式解决。前者是根据分数的意义来列式，后者是根据"倍"的本质意义列式解决问题。它们为后面学习"求一个数的百分之几是多少"的实际问题积累思维的经验，进而建构一种模型：求一个数的几倍（几分之几或百分之几）是多少，用乘法解决。从横向维度解读：把"求一个数的几分之几是多少"与"求一个数是另一个数的几分之几""已知一个数的几分之几是多少，求这个数"联系起来，在对比中，明晰单位"1"的量，确定选择哪种方法解决问题。

布鲁纳说："一连串不连贯的知识在记忆中仅有短得可怜的寿命。"因此，我们要通读教材，厘清知识的结构，从整体上解读教材，引导学生建构知识网络，把新知纳入学生的知识体系。从整体的角度解读教材，这是一种"高站位"，因为只有从整体的视角解读教材才能拓宽教师"教的空间"、学生"学的空间"，形成整体的知识结构。

（四）以创新的方式解读教材

解读教材不仅要整体地解读、动态地解读，还要创新地解读。创新地解读就是要对教材内容进行思考，做出质疑、补充、改编等。创新地解读包括发现式解读、质疑性解读以及补白式解读等。

例如，《乘法分配律》，教材上呈现的是植树的情境，通过解决植树问题，让学生发现乘法分配律。仅仅通过这样一个例题，学生真的能明白乘法分配律的道理吗？为什么学生在四年级学习了乘法分配律，到了五年级、六年级仍然在这个知识点上出错呢？其中一个原因是学生对乘法分配律的道理还是不理解。

在五大运算定律中，乘法的分配律是两种运算，是把加法和乘法联系起来了。如何才能让学生更好地理解分配的道理？可以用几何模型中面积模型去给学生解释。假设每竖排3个小正方形（正方形的边长为1），共2排，又增加4排，这时的矩形的面积可以用$3 \times 2 + 3 \times 4$表示，还可以用$3 \times (2+4)$表示，所以$3 \times (2+4) = 3 \times 2 + 3 \times 4$。还可以接着推广，再增加5排、6排等，通过拓展、变式让学生对乘法分配律有深刻的体验。如果按照常规方法，给几组算式让学生计算，然后发现结果一样，于是得出乘法分配律的结论，这样，学生的理解是肤浅的，同时不能很好地应用这一规律解决问题。

还可以让学生动手通过用小长方形拼大长方形发现分配律，这种用几何模型来解释乘法分配律的创新就在于将教材内容动态化了，将静态的数学结果转变为可操作的学习活动，这样能激发学生学习的兴趣，引发学生的思考。

数学知识之间联系紧密，具有纵向的序列性和横向的拓展性。因此，教师在面对教材时，不能简单照抄照搬，要研究教材，对教材进行二度开发。这种二度开发既包括对教材内容的结构性调整，也包括对教材内容的深度挖掘和加工。教师通过对教材的创新解读，使教材更加符合学情，从而发挥教材的更大价值，培养学生的学科素养。

例如，人教版五年级上册安排了《小数乘法》《位置》《小数除法》《可能性》《简易方程》《多边形的面积》《数学广角》七个单元。在教学中，立足整体架构知识的角度，可将单元进行微调，把第一单元《小数乘法》和第三单元《小数除法》放在一起，形成小数乘、除法教学的板块。这两部分内容共同的地方都是在整数的计算的基础上进行的，关键是要处理好小数点的问题，将这两单元放在一起学习，有助于向学生渗透转化思想和推理思想。数的运算教学就是要教意义、教算法、教算理，循理入法，以理驭法。

此外，要想发挥教材的价值，就要挖掘知识的本质。例如，在解读人教版四年级上册《商的变化规律》时我们会发现，教材上安排的例题包含两个小题。第1题是研究商的变化规律，第2题是研究商不变的规律。商不变规律是非常重要的一条规律，是学习分数基本性质的基础，让学生理解其中的道理十分重要。若按照教材上安排的顺序去设计学习活动，由变化规律到不变规律，学生对知识的建构是零散的。那我们如何创新地解读这部分内容呢？通过深入研究教材，我们可以以不变应万变，也就是说可以先学习商不变的规律，让学生在计算、观察、分析中，发现商不变的规律后，再解释其中的道理。在真实的课堂情境中，有学生画图解释，但更多的学生会用举例的方法解释商不变规律，在此基础上，引导学生把文字表达变为字母式的简洁表达，培养学生的符号意识。此时，我们可通过问题"如果被除数、除数其中一个变化，会是什么样呢？"来探究商的变化规律。最后，我们设计一个比较环节——商的变化规律和不变规律有什么联系和区别，以加深学生的理解。

《商变化的规律》这节内容，我们在创新解读中找到了体现"学为中心"理念的设计方向，颠倒了教材上原有的教学顺序，增加了课堂知识容量，把两种规律自然地联系起来，把学生的学习引向了深入，渗透了模型思想、符号意识，培养了学生抽象的思维能力。

创新地解读教材也是一种对教材的深度解读，不仅增强了教学的针对性、实效性，也增加了教学的深度，拓宽了教学的广度。我们要不断地加强对教材的研究，在把握教材内容的基础上，对教材加以开发和创新。做到基于教材、活用教材、创新教材，这是完善教学设计、提高课堂教学质量的根本保证。只有深入研读教材，才能有深度的课堂教学。

（五）以专业化的水平挖掘教材

"用教材教，而不是教教材"这一观点教师早已耳熟能详。但是，知道未必能做到，做到也未必能做好。用教材教是利用教材的根本原则，也是教材专业化解读的核心要求。只有在真正地掌握教材编写意图，透彻地理解教材，在对教材进行专业化解读的基础上，挖掘教材内容背后的价值，特别是有助于培养学生思维能力的知识要素、素养要素，才能体现教材的应用价值。

专业化的解读包括以下几点：

一是对教材内容变化情况的解读，深层次理解知识内容的内涵。现在各个版本的数学教材都对"问题解决"进行了拓展，不仅有课改前的应用问题，还编排了数学问题解决的专项内容。人教版教材中的《数学广角》、冀教版教材中的《探索乐园》、浙教版教材中的《智慧乐园》、苏教版教材中的《问题解决的策略》、青岛版教材中的《智慧广场》等，这些专项内容渗透了数学思想方法，拓展了学生的思维。此外，每套教材还编排了"综合与实践"内容，"综合与实践"中要解决的问题都与生活实际紧密联系。因此，"综合与实践"实际上也是数学知识的应用，它运用知识的范围更广。这些内容加强了综合运用知识解决问题和问题解决策略多样化的教学，促进学生逐步提高数学思维能力和问题解决能力。

以估算为例，与以前的教材相比较，课标教材中增加了利用估算解决问题的内容。随着时代的发展，估算在生活中有着广泛的应用，人人都应当具备估算素养。因此，在教学中培养学生的估算意识越来越被重视。

二是对教材的知识体系有清晰的认识。例如，大纲时代的教材把应用题作为教学内容的一方面，集中以知识块为主线进行编排，单独设立应用题的教学章节。义务教育课程标准实验稿开始，就将数学学习内容分为四个领域，即数与代数、空间与图形、统计与概率、实践与综合应用，不再把应用题作为独立内容集中编排、人为分类，而是采取融合的编排方式，把问题解决寓于每一个领域中，也就是知识学到哪里，应用就到哪里，并且设置了实践与综合内容，要求第一学段重在实践活动，第二学段重在综合应用。

2011年版的课程标准沿用了实验稿中的编排方式，将问题解决的教学融合于各部分内容的教学中，通过各部分内容的教学，培养学生用数学解决问题的能力，但学习内容四个领域的名称有所变化，"空间与图形"改为"图形与几何"，"实践与综合"改为"综合与实践"，并且第一次对"综合与实践"下了定义，提出了明确的要求："综合与实践"活动应当保证每学期至少有一次，可以在课堂上完成，也可以课内外相结合。人教版的教材共安排了20个综合与实践活动，这些活动课与生活联系都比较紧密，具有一定的挑战性，学生在自主探索解决这些问题的过程中，提高了解决问题的能力，加深了对数与代数、图形与几何、统计与概率等内容的理解，体会到各部分内容之间的联系。

与2011年版的课程标准相匹配的教材，都是以基本的数学思想方法为主线选择和安排教学内容，给学生创造了发现和提出数学问题的条件，让学生体验解决问题策略的多样化，把培养学生提出问题、解决问题的能力和培养学生应用意识贯穿于基础知识与基本技能的整个学习过程中。

三是把握教材的内容和内涵。对教材的解读，首先是对数学知识的解读。明确知识的重难点、抓住知识的本质、揭示知识背后的思想方法、沟通知识之间的联系，从而找到落实学科素养的途径。具体为理解教材中的主题图、对话、提示语、概念、法则、公式、符号、图形等，它们背后都可能蕴含着丰富的数学信息。解读教材要做到"全覆盖"。对教材内容背后价值的思考是教师与编写者在深度对话。从内容上，教师要读透编者的设计意图、教材的编排体系，挖掘隐含在教材中的知识目标、情感目标、素养目标等。只有对教材通透地理解，才能灵活地运用教材进行教学，才能落实课程标准的要求。通过解读教材，教师明白教材中的每幅图、每句话、每道题目要给学生传递什么知识、提升学生什么能力、让学生学习什么数学思想方法等。教材中的插图、旁注是思路的指导、方法的指引。

四是要解读教材中的隐性知识，如数学知识产生的背景。有些数学知识有知识产生的背景，有的没有。如果没有，教师可根据内容进行适当的补充，如"有了精算，为什么要进行估算？"教材留了空白，学生对学习估算的意义感悟不深，教师可适当补充相关的背景知识，让学生明白学习估算的意义。

隐性知识还包含知识中隐含的思想方法。解读教材不仅要解读知识，也要分析思想方法。只教知识是浅层次的教学，只有深入思想方法，教学才能全面、有深度。数学思想方法是数学学习的精髓，是数学的灵魂所在。它往往隐藏在显性知识的背后。在数学教材中，数学思想方法可谓无处不在。我们在解读教材时，要挖掘隐含在教材中的数学思想方法，设计学习活动时要思考如何让学生感悟思想方法。例如，植树问题蕴含着化繁为简的思想方法，把100m的小路改为20m进行研究，发现规律，再用规律解决问题，同时渗透了模型思想，建立植树的三种模型，体会数形结合思想。教师追问"为什么加1，为什么减1"，让学生体会"一一对应"。此外，还有"变中有不变"的思想、极限思想、推理思想、分类思想、函数思想、类比思想、方程思想等。在这些数学思想中，核心是抽象、推理、模型思想，推理是核心中的核心。每一个知识学生都要理解、掌握，并了解所蕴含的思想方法，教师要做到为理解而教、为素养而教。

五是要解读练习题。练习题是教材的重要组成部分，是学生巩固知识的载体。教师在解读教材时，要将习题全部做一遍，厘清每一道练习题的功能和处理的方法，理解教材编写意图。练习题中也渗透着数学思想方法，教师应领会编写的意图，多想为什么。教师要分析"这样编排习题的目的是什么？""为什么要编排这个习题？"并要分析学生练习会遇到什么情况，以便有效应对和指导学生练习。

专业解读教材可以保证教学设计的有序性和科学性。教师在专业解读时，抓住知识之间的联系，挖掘知识背后的核心概念和思想方法，设计好学习活动，培养学生的关键能力，让核心素养落地。

解读教材，我们不仅要从大处着眼，整体把握教材，明确教材的结构体系，还要从小处着手，关注教材细节，对教学内容进行深入的研读，从而准确把握教材编写的意图，做到专业读教材，读懂、读透教材。

（六）以导图的形式梳理教材

王敏勤教授说："不管是哪个年级的教师，都应该把整个学段的教材拿到手，通读教材，认真对照课程标准，知道本学段的教材包括哪些基本知识，教学重点是什么，哪些知识可以整合起来，本套教材的编排意图和体例是什么，教材内在的逻辑线索是什么，在此基础上画出本学段教材的知识树，写出教材分析。"王教授给我们指明了另一种解读教材的方法：整体阅读教材，进行全面、系统的梳理。

例如，人教版教材"图形与几何"领域，知识分布如下。

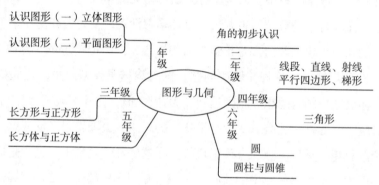

"图形与几何"知识分布图

教材主要是按照"三维—二维——维—二维—三维"的体系安排的。具体的知识又是按照"图形认识—图形的测量—图形的运动—图形与位置"呈现相关的教学内容。

再如，数的认识和数的运算占了数学教学内容的三分之二。"数的认识"可以用导图做如下解读。

$$
\text{数的认识}\begin{cases}\text{学习的顺序：整数—分数—小数—百分数—负数}\\\\\text{学习的内容：数意义—数的读、写—实际应用}\end{cases}
$$

我们通过导图可以清楚看出，人教版教材中"数的认识"包括整数、小数、分数、百分数、负数的认识，还可以看出教学的程序、方法，这些方法可以用来迁移认识其他的数。

特级教师于永正说："教学上这法那法，研读不透教材就是没法。"教材是教学的基本资源。教师是课程的设计者，在教学过程中，不仅要解读清楚教学内容，还要研究清楚教材的编排。只有正确领会教材的内涵、读懂教材编写的意图、正确把握知识的本质、找到教与学的联结点，才能打造有效课堂。研究教材是教师永远的"功课"。

参考文献：

［1］蒋敏杰.指向教师学科教学素养提升的教材解读［J］.小学数学教育，2019（22）：10–11.

［2］廖清蛤.深化教材解读，建构深度教学［J］.基础教育研究，2021（10）：79–80.

［3］陈鞠萍.目的论视阈下教师如何解读教材［J］.文学教育，2021（8）：110–111.

［4］刘志彪.小学数学教材解读的四重境界［J］.教学与管理，2020（29）：36–38.

［5］陆军.小学数学教材解读的"四个意识"［J］.教育研究与评论（小学教育教学），2020（10）：30–33.

［6］陈华忠.解读小学数学教材的"两个五读"［J］.小学教学设计（数学），2020（3）：57–59.

第三辑
阐述名师智慧，做个性教师
——教师教学

从理念到行动：基于核心素养的
数学实践与思考

位朋友曾给我讲了一个这样例子：她所在的办公室有两位数学教师，一位整天的工作状态可以用"一路小跑"来形容，总感觉她很忙。下课了，她还把一些学生叫到办公室讲题、补作业，有时甚至是一群学生。而另一位教师很少把学生叫到办公室，看似神定气闲，常常看到她在电脑上编制学习单或在研究教学用书。两位教师都在努力落实"学为中心"的理念。第一位教师的课堂上也让学生自主探索、表达，但总害怕学生学得不"透"，所以在学生回答问题后要再讲一遍。第二位教师把学生分成四人一组，给学生发放自己研制的研究单，让学生进行探索。课堂上，他则让学生自主探究、思考、表达，敢于放手，整节课引导学生探究。不同的方式，效果却差不多，两个班的成绩不相上下。

你赞同哪位教师的做法呢？答案是显而易见的。显然，第二位教师更注重学生素养的培养。从这个例子中，我们得到了什么样的启发呢？我们要思考当下的数学课到底该如何上。发展学生的思维能力，落实学科核心素养应是我们课堂教学的终极目标。

有一位教师曾坦诚地说："我没有关注什么素养不素养的，我关注的是教学的效果和学生的成绩。"也许这位教师在平时的课堂教学中一直在落实学科素养，只是她没有意识到而已。如果在教学实践中，落实了学科素养，发展了学生的数学素养，学生成绩想不好都是不可能的。学生的数学素养和他的成绩是正相关的。落实学科的核心素养不仅能提高数学教学质量，更主要的是能提高学生的能力，让学生终身受益。

从2016年起，"核心素养"就成为教育界一个"热词"，"热词"需要"冷"思考。我们要思考：到底什么是核心素养？我们所教学科的核心素养又是什么？我们如何改进教学，落实核心素养？只有想明白这些问题，才不至于盲目追随，教学才能有明确的方向，核心素养才能真正落实。下面，笔者将从什么是数学核心素养、如何在教学实践中落实两个方面阐述自己的一些实践与思考。

一、什么是数学核心素养

（一）什么是素养？

要想弄明白什么是数学核心素养，就要先清楚"素养"的含义。先看一个例子：教学一个概念，数学老师会怎么教呢？数学老师一定会想着要给出一个明确的定义。而语文老师呢？一般就会举出大量的例子来说明，例子说完就让学生自己悟。

语数老师不同的教学方式，其实有不同学科素养的显现。那么，素养是什么？素养是后天形成的，是在特定场合才能表现出来的，是一种习惯，类似于修养。它包括知识、技能、能力、品质、情感态度等。

（二）什么是核心素养？

2016年9月13日，《中国学生发展核心素养》研究成果正式发布。自此，核心素养就成了教育界的高频词。什么是核心素养？研究专家团队对核心素养下的定义是："学生应具备的、能够适应终身发展和社会发展需要的必备品格和关键能力。"这个定义大家耳熟能详，我们要思考的是：数学这门课程应该培养学生哪些必备的品格和关键能力呢？数学的核心素养又是什么呢？

（三）什么是数学核心素养？

2015年，曾有专家指出：2011版课程标准的十个核心概念（数感、符号意识、空间观念、几何直观、数据分析观念、运算能力、推理能力、模型思想、应用意识和创新意识）就是数学学科的核心素养。毫无疑问，这十个核心概念是构成数学素养的重要因素，值得我们反复学习、领会并在教学实践中落实。但是，要把这十个核心概念作为数学核心素养，还是有点多。有人认为，应把创新意识作为数学学科的核心素养。这似乎也是不合适的，因为创新不应是数学学科所独有的，所有学科都应该培养学生的创新意识，提高学生的创新能力。

2016年，课标修订组组长史宁中教授把数学学科要培养的学生核心素养概括为三句话："用数学的眼光观察现实世界，用数学的思维思考现实世界，用数学的语言表达现实世界。"数学的眼光主要表现为抽象能力、几何直观、空间观念与创新意识。学过数学的人，看世界会抽象，包括直观想象。例如，瑞士著名的数学家欧拉解决古典数学问题——哥尼斯堡"七桥问题"就是利用抽象的方法。他把七座桥抽象成没有宽窄的数学上的线，把陆地与岛屿抽象成了数学上的点解决了这个著名的问题。再如，我们看到眼前的物体就会想到数字。书桌上放有3本书，我们就会想到数字3，把3本书这个数量抽象成了对象符号"3"，这就是数学的眼光。

数学的思维是指学过数学的人，想问题有逻辑，具有严谨性。义务教育阶段，数学的思维主要指运算能力、推理意识和推理能力。

数学的语言指什么呢？数学真正的应用是模型，因为模型的原因，数学具有广泛性，所以模型是数学的语言。除此之外，义务教育阶段，数学的语言主要还表现为数据意识或数据观念、应用意识。

史教授的三句话概括起来就是让学生数学地"看"、数学地"想"、数学地"说"，也就是数学地"思维"。

2018年1月，修订后的高中数学课程标准正式发布，新修订的课程标准中数学核心素养包括六方面（简称"六核"），分别是数学抽象、逻辑推理、数学建模、直观想象、数学运算、数据分析。"六核"中的前三个是最基本的，这些数学课程核心素养既相对独立，又相互交融，形成了一个有机整体。

其实，国内有很多专家学者对数学课程核心素养进行了研究。北京大学的景颢教授认为："数学的想象力和严格的逻辑推理是数学的核心素养，数学核心素养是从直观到推理。"南京大学的郑毓信教授认为："我们应当通过数学帮助学生学会更清晰、更深入、更全面、更合理地思考，从而不断提高思维的品质，并真正成为一个高度自觉的理性人。"有的一线的教师则认为"自主探究、理性思维、运算能力、问题解决"是最适合数学学科培养的素养。

那么，您心中的数学核心素养又是什么呢？教师对学科核心素养的理解直接关系到在课堂实践的落实。学科不同，特点就不同，落实核心素养的角度就不同。不管什么样的学科，都应发挥本学科的作用，与其他学科一起共同提升学生的核心素养。

人教社小学数学编辑室主任指出，小学数学核心素养包括数学抽象、逻辑推理、数学建模、直观想象、数学运算、数据分析、转化思想。通过比较可以看出，这是在高中数学核心素养的基础上，加了一个转化思想。转化思想在小学数学教学中应用比较广泛。数学知识建构的过程就是一个数学知识转化化归的过程。我们所使用的教材中哪些知识运用到了转化的思想？可以说随处可见。例如，在推导圆面积公式时，把圆形转化成了学生熟悉的长方形，由长方形的面积公式推导出圆的面积公式。在推导圆柱体体积公式时，把圆柱体转化成学生熟悉的长方体，根据长方体的体积公式推导出圆柱体体积计算公式。此外，还有三角形面积公式的推导、梯形面积公式的推导、平行四边形面积公式的推导、小数乘法计算、小数除法计算等，都用到了转化的思想方法。转化思想不仅可以用"化新为旧"的方法解决问题，还可以用"化繁为简"的方法解决问题。教材中，一些规律问题的探究、复杂问题的解决都用到了这种转化的思想。

综合以上所述，我们小学数学课程的核心素养及目标可总结为："四基""四能""十一核""三会"。通过数学课程的学习，学生掌握必备的基础知识、基本技能、基本思想和基本活动经验，激发学习数学的兴趣，形成独立思考的习惯和理性精神。

数学学科是让学生越学越聪明、越学越智慧的学科，所以根据数学学科的特点，我们应当努力促进学生思维的发展和理性思维的养成。会思会想才是学生的数学素养。

下面我们一起来分享一个故事，故事的名字是《一道考试题》。据说这是一道高校自主招生试题：有一只熊掉到一个陷阱里，陷阱深19.617米，下落时间正好2秒，求熊是什么颜色？五个备选答案，分别是白色、棕色、黑色、黑棕色、灰色。这道题怎么解答呢？这样的题目看起来好像是没有答案的。好多人在思考，很多人都想知道答案。我们来看一个考生的答案。这位考生说，根据题目算出g=9.8085，陷阱所在地的纬度大概是44度，根据熊的地理分布，南半球没有熊，可以得知这里应该是北纬44度；既然为熊设计地面陷阱，一定是陆栖熊，而且大部分陆栖熊视力不好，难以分辨陷阱，所以容易掉入陷阱。可选的答案有棕熊、美洲黑熊、亚洲黑熊，鉴于题目只有棕熊和黑熊，那么只剩下这两个答案。既然陷阱深19.617米，土质一定为冲击母质，这样才易于挖掘。棕熊虽然有地理分布，但多为高海拔地区，而且棕熊凶悍，捕杀的危险系数大，其价值也没有黑熊高，并且一般的熊掌、熊胆均取自黑熊。因为黑熊的地理分布与棕熊基本不重合，可以判定：该题的正确答案为掉进陷阱里的熊是黑色。（故事来自唐羊：思维的草根）

这位考生的解答是不是有一种让人拍案叫绝的冲动？能写出这样的答案，应该具备哪些知识、哪些能力？显然，高校出这样的试题，想要考查考生的思维能力、综合能力。听完这个故事，大家一定会被答题学生思维的严密性、条理性，以及知识的广博震撼。这个故事启发我们思考：我们到底要教给学生什么？应当怎么做？我们应该打开学生的思维、放飞学生的思维。

总之，对于什么是数学核心素养，很多学者都在研究，可谓仁者见仁，智者见智。不管怎样的理解、认识，把理念落实到学生，都需要学科作为桥梁，用学科教人，在学科教学中落实核心素养。

那么，如何通过我们的数学学科来落实核心素养？

二、在教学实践中如何落核心素养

理念先行，行动为基。要落实数学核心素养必须做好三件事情：让学生掌握知识、提高能力和发展素养。掌握知识是基础，提高能力是关键，发展素养是终极目标。没有知识的掌握，何谈素养的培养。学科知识是发展素养的载体。

我们经常说的数学知识指什么呢？数学知识包括概念、公式、法则、规律、性质、公理、定理等。数学能力包括运算能力、解决问题能力、空间想象能力、逻辑推理能力、抽象能力等。其中，前四种能力是从大纲时代就流传下来的，是继承传统，由此可见其重要性。数学品格是指理性精神、思维品质、数学情感和数学意识等。数学能力和数学品格构成了数学课程的素养，那么，如何在教学实践中落实数学核心素养？可以从以下三个方面入手。

（一）培养思考能力，落实核心素养

你觉得我们现在的学生缺少什么呢？也许你会认为是缺少吃苦的精神、缺乏竞争的意识等，其实最重要的是缺少思考，思考力有待提高。我们的学生大部分不善思考、不会思考。在我们的数学课堂上，学生在做、在算、在动手，但就是不想多动脑。数学给予学生的不仅仅是数字、公式、概念、定理和数不清的题，更重要的是通过学习数学知识培养思维能力。

我们该如何培养学生的思考能力？在学生普遍懒于思考的今天，我们更应该加强思考习惯和思考能力的培养，怎么培养？

1.经历知识形成过程，促进学生思考

苏联教育家赞可夫曾说："教会学生思考，这对学生来说是一生中最有价值的本钱。"会思考的素养不是一蹴而就的，需要持之以恒的浸润。在实践中，我们要引领学生追寻数学知识的本质，经历知识形成的过程，经历思和想的过程，促进学生思考力提高。学习不能停留在低阶思维的层面，要养成追根问底、追寻数学本质的良好习惯。

数学的本质是数学思想，每一个数学知识都有它的本质属性。在追寻数学本质、经历知识形成的过程中，学生的思考能力在提高，其良好的思维习惯会逐步养成，思维能力逐步提升，思维越来越"数学化"。例如，《三角形三边关系》这节课是人教版教材四年级下册63页的内容。这节课是学习三角形的一个性质——三角形任意两边的和大于第三边，主要渗透的是归纳的思想。这节课的目标该如何定位呢？是了解三角形任意两边之和大于第三边这样一个事实，还是探索发现为什么三角形三边之间有任意两边之和大于第三边这样的关系？

一个是了解事实，一个是探索发现事实。理念不同，目标定位不同，设计的教学活动就不同，价值也不同。一般教师都会把前者定为这节课的教学目标。这节课，如果仅仅了解三角形任意两边之和大于第三边这个事实，用不了多长时间，但它和通过探索发现为什么会有这样关系的事实价值有很大的区别。著名特级教师华应龙老师是这样设计的：

首先用三根纸条，规范操作。出示三根纸条，让学生围成一个三角形。此

环节是让学生明白，纸条代表的是有长度的线段，在围成三角形时，要点点相连。这个环节的目的是让学生先学会用三根纸条规范围三角形，积累围三角形的经验，为后边的探究打基础。接着用两根纸条，创设情境。给学生两根纸条围三角形，允许剪短其中一根。在给定的时间内，学生有的围成了，有的没有围成。这一环节的设置为学生提供了一个思考的空间，发现三角形三条边之间会存在一定的关系。到底是什么关系呢？最后是分类讨论，达成共识。

华老师其实给学生准备的纸条有两种情况：两根一样长，一根长一根短。他故意如此设置，所以就出现了有的能围成，有的围不成的情况。学生围绕以下问题进行讨论：围成的，为什么围成了？没有围成的，为什么没有围成呢？能不能围成三角形与什么有关？三角形三条边之间有什么关系？为什么三角形任意两边之和大于第三边呢？通过讨论，学生发现了三角形三边的关系——"任意两边之和大于第三边"，并验证了三边之间的关系。学习到此并未结束，华老师又设置了第四个环节——峰回路转，突破难点。华老师提出了如下的问题让学生思考：两根一样长，剪成两段，能不能围成三角形？为什么？两根纸条一长一短，剪成两段，剪短的能围成三角形吗？为什么？剪长的呢？当问到剪长的可以吗，认为一定的请举手时，学生几乎都举手了；认为不一定的请举手，仅一人举手（他如果把较长的只剪下一点点，也是围不成的）。通过上面问题的探讨，学生明白：两根一样长，无论怎样剪，都不能围成三角形。一长一短，剪短的不可以，剪长的，剪一点点也不可以，剪多一点是可以围成的。接着出示：这样的三根纸条能围成三角形吗？5厘米、8厘米、3厘米。如何改变一下就可以围成？剪掉0.1毫米可以吗？这道题让学生再一次感悟三角形三边之间的关系，并且体会到数学的神奇和好玩。

华老师的教学的重心设置在了解关系、发现关系上。回忆上面的设计，我们不难发现，华老师的设计非常巧妙。课堂上的一连串的"为什么"，引导学生经历、体验、探索知识的形成过程，积累活动的经验。这样的过程学生是难忘的，学到的知识记忆深刻，这样的课堂使真正的学习发生了，是"真课堂"，这样的课堂才有"数学味"，学生的数学素养就会自然形成。这正是我们数学课的方向：让学生自主探究，让学生感悟数学思想，让学生积累思维活动的经验，让学生积累实践活动的经验。

2011年版课标指出，学习的过程本身就是数学课程的目标。深刻经历学习的过程，学生不仅能获得知识与技能，还能体会感悟到知识技能背后更有意义的东西——知识的产生与发展，教学的思想与方法，数学活动的经验，等等。这就要求我们在实际教学中，引导学生学会思考，而不应该去琢磨怎样顺利地走完教的过程，更不要上"假课"。我们的数学课堂不能仅仅为结果而教，而应该有探究的过程，过程也是目标。这个过程指什么？这个过程就是学生自己理解数学的思维过程。学生再笨拙的思维方法也比我们老师给他讲解的记忆深刻。

数学家波利亚在《数学的发现》中指出："学习任何东西的最好途径是自己发现。"我们现实的一些课堂，更重视的是结果、答案；结果是在教师既定的教学程序中得出的，有时是教师直接给出的；课堂平淡乏味，激不起学生学习的兴趣；学生的思维没有打开，生成的内容少。经常有教师这么说："给学生活动的时间多了，教学任务完不成，害怕学生学得不够扎实。"于是，为了赶进度，探究环节走得快。如果从一年级开始，教师就不放手，二年级、三年级……各个年级教师都这么做，就会形成恶性循环。当我们感叹学生不理解、出错多的时候，应该反思，学生学会了吗？是真理解了吗？课堂上，我们一定要给学生留下足够的探索时间和空间。

《礼记·学记》云："君子之教，喻也。道而弗牵，强而弗抑，开而弗达。"在教学中，我们所要做的是引导而不是注入，是启发而不是给予，让学生在经历最真实的思维生长的过程中，在知识的形成中，在追寻数学的本质中，培养思考能力。

2. 把握教学节奏，给学生思考空间

我们先看一个禅宗故事。一次，弘仁法师和慧能一起走到河边，弘仁法师说："河当你渡，我渡你过河。"慧能说："迷时师渡，悟时自渡。"禅修讲究自悟，同时离不开禅师的指点和点化，这与我们的教育方法有异曲同工之妙。

时代快速地发展，云计算、人工智能、泛在学习的存在，"教"与"学"的重新定位，让我们更加清楚"自悟"的重要性，让我们注重培养学生的自主学习能力。学生的解题考试能力不是我们教出来的，是他们悟出来的。在实践中，我们要慢下来，给学生思考的空间、顿悟的机会，让学生自悟，在悟中学会思考。

请看一个关于复合单位的教学案例。

（快镜头）小刚5分钟跑完1500米，小军3分钟跑了600米，谁跑得快？老师是这样处理的：①学生说解答的思路：$1500 \div 5 = 300$（米），$600 \div 3 = 200$（米）。②老师解释说，求的是速度，所以应该使用复合单位。但为什么速度要使用复合单位，学生并不理解。

（慢镜头）老师是这样处理的：先出示一组信息——每秒2米、每小时80千米、每分钟120个字等。这些信息都是表示速度的，老师出示这样的问题，先让学生感悟"速度"的含义，为解决相关的问题扫除障碍。其实，在解决问题时，常会有一些概念术语学生不明白。以成人眼光看，觉得学生是理解这些概念术语的，但往往这些概念术语却成了学生解决问题的"障碍"。只有概念清楚了，学生才能更好地解决问题。在学生明白了速度的含义后，老师又出示了下面一组题：①美国短跑名将鲍威尔男子100米赛跑的成绩是10秒，平均每秒能跑多少米？②蜗牛全速急爬10个小时，才能爬100米，它平均每小时能爬多少米？学生列式解答：$100 \div 10 = 10$（米），$100 \div 10 = 10$（米）。师：观察这两个算式，结果都是100米，难道短跑名将的速度和蜗牛的速度一样吗？怎样才能区分清楚？学生在笑声中明白使用复合单位的必要性。

像上面的例子，快镜头中，速度所要带的复合单位是老师给出的，而慢镜头中，教师有意设置了矛盾情境，让学生体会到使用复合单位的必要性，同时学生记忆会更深刻。不同的方式，教学效果会不同。我们要不断地优化教学方式，以提高课堂教学质量。

为学之道在于悟。史宁中教授说："数学素养的培养，特别是创新人才的培养，是悟出来的，而不是教出来的。"上面的例子也让我们想到一个教育哲学，"慢"是为了"快"，唯有慢下来，才能拥有精细的思考。在该慢的地方慢下来，在后续的学习中，才能更好地快起来。在课堂上，我们要有策略地慢下来，在解读难点、强化重点、辨析关键点处慢下来。我们要学会等待，等待学生的顿悟。给学生一个等待，学生也许会还你一个精彩。

数学家陈省身说："数学是自己思考的产物，首先要能够思考起来，用自己的见解和别人的见解交换，会有很好的效果。但是，我不知道中小学数学课堂是否能够提供很多思考时间。"我们的课堂给学生提供很多思考的时间了吗？不仅没有，很多时候还要求学生"即兴思维"。如果不给学生思考的时间，学生就不会养成思考的习惯。

数学学习的一个重要作用，就是让人们养成长时间思考的习惯和能力。中科院院士姜伯驹教授曾说："数学使我学会长时间思考，而不是匆忙地去做出解答。"培养学生的思考力，需要给学生思考的时间和空间，如果没有长期思考训练，学生就不会深刻地思考问题。

3. 运用问题引领，将思维引向深处

著名数学家苏步青也曾明确指出："学数学最关键是培养一种数学的思维，这种思维不是用灌输的办法教出来的。"因此，教数学就要教思维，学数学就要学思维。我们要引领学生探究，发展学生思维。

如何发展思维？学生的思维不是"灌输"出来的，也不是自发形成的，而是在教师的引领下发展起来的。教师发挥引领作用最重要的一个手段就是"问题引领"。张奠宙教授说："问题驱动是数学教学的根本教学原理。"

例如，《用数对确定位置》这节课，一般都是借助课本上的座位情境图进行教学，列、行及数对概念都是教师给出的，学生被动地接受知识。站在核心素养落实的角度来设计这节课，我们应该思考：用数对确定位置，确定谁的位置？怎么来确定？列与行产生的必要性、数对的含义是什么？等等。在目标的制订上，我们不仅仅关注用数对表示物体位置这个知识目标，还要顾及三个素养目标：体会数形结合的思想，感悟数对与平面上的点的一一对应关系，渗透直角坐标系思想。在设计这节课时，我们的定位是：提出大问题，留下思考大空间，追寻数学的本质。上课伊始，我们可以借数学家笛卡儿之口，提出一个大问题：怎么用数确定平面上一个点的位置？让学生在学习单上自主研究，试着描述一个A点的位置（点在横轴上），再试着描述与A点同一列的B点位置，从而让学生体会列与行产生的必要性及意义，让"列"与"行"的概念呼之欲出。"列"和"行"出现不是教师强加给学生的，而是学生在活动中、思考中"悟"出来的。数对的出现也就水到渠成，"列"和"行"的顺序、书写格式也是在教师的问题引领下，学生逐步习得的。

多年来，我们工作室全体成员都是在"大问题，大空间的"教学理念引领

下进行教学设计。通过"大问题"来引领学生思考，"大问题"才有思考的大空间。我们来看关于"圆柱体体积公式推导"的两种问题设计。第一种设计：①圆柱体通过切拼后，转化为近似的长方体，什么变了？什么没变？②长方体的底面积与原来圆柱的哪部分有关系？有什么关系？③长方体的高与原来圆柱的哪部分有关系？有什么关系？④你认为圆柱体的体积怎么算？第二种设计：通过刚才的切拼，你有什么发现？独立思考，有想法后和你的同桌说一说。这两种不同的问题设计，哪一种给学生留的思考空间更大，问题的思维含量更高，思考价值更大？显然是第二种。

我们再看《长方体与正方体的复习》这节复习课的问题设计。第一种：①长方体和正方体有什么特征？②什么叫表面积？长方体和正方体的表面积计算公式是什么？常用的单位有哪些？③什么叫作体积？长正方体的体积计算公式是什么？常用的单位是什么？第二种：关于长方体和正方体，你都知道哪些知识？用你们自己认为合适的方式进行梳理，并写在梳理单上。第二种设计方式是不是更能激发学生的学习兴趣呢？它不仅可以让学生巩固本单元所学知识，还可以让学生掌握梳理知识常用的三种方法，积累学习的经验。

教学中，我们设计的问题不要太小，也不要太多。引领性的问题应该少而精，有一定的思维含量，具有一定的针对性。另外，我们应尽量设计问题链，将学生的思考引向深入。吴正宪老师曾指出："我们应当让思维在问题链中浅入深出，即通过适当的问题链将学生的思维逐步引向深入。"问题链的运用可以引导学生更深入地进行思考，实现高阶思维的深度教学，落实数学核心素养的培养，使学生由理性思维逐步走向理性精神。

（二）培养理性精神，发展学生数学素养

请看一道测试题："船上有27只绵羊，15只山羊，船上船长几岁？"这是某区一道期末测试题，出题人出这样的题目考点在哪儿呢？这样的题目显然是考查学生的质疑能力和批判精神，这些理性精神正是我们的学生所缺失的。理性精神可以启迪学生的思维。

德国数学家菲利克斯·克莱因说："数学是一种精神，一种理性精神。正是这种精神，激发、促进、鼓舞并驱使人类的思维得以运用到最完善的程度。"毫无疑问，理性精神是数学品格的重要内核。我们可以通过培养科学严

谨的意识、提高反思能力等形式培养学生的理性精神，通过逆向思维、找规律、批判质疑、有根有据地表达等培养学生的理性精神。

在教学实践中，我们要真实培养学生用事实、逻辑、推理进行思维的能力，特别是重视对学生反思能力的培养。苏格拉底说："未经反思的生活是不值得过的，同理，未经反思的学习是有缺憾的学习。"反思是从理论到实践，从知识到素养的"连接器"。华东师范大学崔允漷教授说，学后反思是从知识技能到素养养成这一重要学习经历的实践过程。核心素养具有情境性和实践性。知识与技能只有在情境下变成学生的能力，再通过反思，才能最终实现素养发展。由此可知，反思是学生对学习经历和课堂学习结果的"反刍"，是促进学生再学习和升华的过程。反思这种形式能更有效地促进学生思维的发展，能让学生逐步想得清晰、深入、全面、合理。因此，反思可以说是理性精神的内核。

怎么培养学生的反思精神？

关于解决问题，教材上明确地分了三步。低年级：知道了什么、怎样解答、解答正确吗。高年级：阅读与理解、分析与解答、回顾与反思。那么，第三个环节有什么用呢？在课堂上，往往很多教师忽略这个环节，或者是匆匆处理这个环节，认为答案已经有了，反思不反思都无所谓。但恰恰这一环节是培养学生反思能力的重要的一环，有着独特的价值。我们要指导学生学会反思，不仅仅反思答案是否正确，还要反思解决问题的思路、解决问题的过程、解决问题的方法等。通过反思提炼方法、总结经验等，学生形成理性思维。

例如，二年级下册数学广角搭配问题，我们不能满足于学生找到最后的答案——共有多少种搭配方案，还应该引导学生思考：怎样才能不会遗漏？如何才能更有条理？以增强学生思维的条理性和严谨性。

我们的教材中有很多找规律的内容。对于找规律这类内容的教学，我们不能仅仅满足于学生能发现规律、应用规律，而应当引导学生进行深入的思考：发现的结论是否真的是规律？它为什么是真的？通过这样的思考，培养学生的理性精神。

弗赖登塔尔说："只要儿童没能对自己的活动进行反思，他就达不到高一级的层次。"学生的反思能力是需要培养的。在教学实践中，我们让所有学生在独立思考的基础上，有效互动交流。我们引导学生有根据，有条理地思考、表达自己的想法，对别人的发言做出合适的评价、质疑、补充和改进。同时，我们要教会学生思考，引导学生经常思考以下的问题：做了什么？是怎么做出来的？为什么要这样做？有没有做错？如何才能做得更好？是否还有其他更好的解题方法？教师在备课时，就要做好学习后的反思设计，在课堂上要进行指导，以提高学生的反思意识，教给学生反思的方法，经常如此，就可以提高学生的思考力，培养学生的理性精神。

（三）重视思想方法，落实数学核心素养

数学的本质是什么？是数学基本思想方法。任何数学问题的解决，都以数学思维为指导，以数学方法为手段。数学思想方法是数学学科的精髓、灵魂。数学教学应建立在数学思想方法的感悟及应用上，学生掌握了数学思想方法，就能从整体和本质上把握数学，优化思维品质，从而终身受益。我们在教学实践中渗透数学思想方法，可以使学生加深对概念、法则、公式等数学知识本质的理解，提高学生解决问题的能力和思维能力。所以，基于核心素养的教学实践，我们要把体会、感悟数学思想方法作为教学的常态目标，使其真正成为学生素养不可分割的一部分，使学生在长期的潜移默化中，理解掌握数学思想方法，从而不断地提高学生的数学素养。

在人教版六年级下册数学教材第100页中有这样一句话："数学思想和方法可以帮助我们有条理地思考，简捷地解决问题。"这是数学思想方法的作用。教材在有意识地向学生渗透数学思想方法的重要性。那么，数学教材中有哪些常用的数学思想方法呢？

最基本的数学思想是：抽象思想、推理思想和模型思想。由这三种思想演变、派生、发展出来的思想有很多。

抽象思想包括符号化思想、分类思想、集合思想、数形结合思想、变中有不变的思想、对称思想、对应思想、有限无限思想。

推理思想包括归纳思想、类比思想、演绎推理、转化思想、代换思想等。

模型思想包括方程思想、函数思想、优化思想、随机思想、统计思想等。

数学抽象是对现实世界具有数量关系和空间形式的真实材料进行加工，

提炼出共同的本质属性，用数学语言表达，进而形成数学理论的过程。抽象思想对培养人的抽象思维能力和理性精神具有重要意义。抽象在我们的教学中可以说是无处不在。数学概念、法则、公式、规律、性质等的概括推导都要用到抽象思想。

推理思想在数学学习中非常重要。没有推理，就没有今天的数学；没有推理，就没有真正的数学学习。推理能力的发展应贯穿于整个数学学习过程中，推理是数学的基本思维方式。推理分为演绎推理、归纳推理、类比推理。

模型思想的建立是学生体会和理解数学和外部世界的基本途径。它包括从现实生活中或具体的情境中抽象出数学问题，用数学符号建立方程、不等式等表示数学问题中的数量关系和变化规律，求出结果并讨论结果的意义。目前，数学模型还没有确定的定义。广义的解释为数学概念、各种数学公式、各种方程式、各种图表、图形等都称为数学模型。狭义的解释为只有那些反应特定问题或特定的具体事物系统的数学关系结构，才叫作数学模型。例如，速度×时间=路程，单价×数量=总价，这些都是基本的模型。再如，乘法分配律，$(a+b) \times c = a \times c + b \times c$，这是符号模型。此外，数学模型还有正反比例关系式、实际距离×比例尺=图上距离等，还有数轴模型、几何模型等。

数学几乎每节课都渗透了数学思想方法。《比多少》是一年级上册第三单元的内容，这节看似简单的课里面，渗透了哪些数学思想方法呢？猴子和各种的水果散乱地放在一起，要比较它们的大小，首先要进行分类，这里渗透了分类思想。其次，水果对应竖着排成一列，这里渗透了一一对应的思想；排列后统计数量，抽象出了对象符号3、2、4等，这又是抽象思想。最后，根据数量的多少比较大小，在这里又引出了关系符号，渗透了符号化的思想。我们在教这样的课时，要引导学生从具体到抽象，经历符号化的过程，感受符号的简洁。这些数学思想，不必刻意告诉学生，但我们自己必须先清清楚楚。

如何在实践中教学数学思想方法？

（1）落实数学思想方法教学目标。不同的年级的学生学习目标不同：低年级学生是感受了解，中年级学生是体会、认识，高年级的学生能够理解、运用。在教学设计时，我们要把数学思想方法目标放到与知识技能目标同等的地位，一起呈现出来，清晰地板书出来，而不是隐隐约约、朦朦胧胧地渗透，要把数学思想方法的教学目标落到实处。

（2）在知识形成过程中感悟数学思想方法。首先，数学教学要特别重视概念的形成过程。专家认为："数学80%的错误都是因为概念不清，学生对概念理解的水平与他的成绩成正比。概念不清，判断不明，推理不灵。"由此可见概念教学的重要性。概念是构筑数学大厦的基石，我们让学生在经历概念的形成的过程中，体会抽象思维，获得数学思想方法。我们在重视知识的理解、鼓励学生猜想、启发学生说理、充分利用直观、多开展推理训练的基础上，培养学生的推理能力。我们在逐步渗透和引导学生不断感悟、使学生经历问题情境—建立模型—求解验证的数学活动过程中培养学生的模型思想。

（3）潜移默化，持之以恒。数学教材都有两条线，一条是明线——知识线，另一条是暗线——思想方法线，这条暗线恰恰是最有价值的内容，它是学生素养形成和发展的根本，对于学生核心素养的提升起决定性作用。这就要求我们研透教材，挖掘教材内容的本质，找出思想价值。正如杜甫的诗句："好雨知时节，当春乃发生，随风潜入夜，润物细无声。"数学思想方法也要像春雨一样，持续不断、持之以恒地滋润学生，培养学生的思维，提高学生的数学素养，为学生的终身发展打好基础。

总之，核心素养下的课堂教学实践，关键是要发展学生的思维，培养学生的思考力，落实数学课程的核心素养，让学生经历探究过程，建立知识模型，感受数学思想方法，积累实践经验，培养创新精神。我们要为思维而教，为理解而教，为素养而教。

参考文献：

［1］郑毓信.从"数学文化"到"数学核心素养"［J］.江苏教育，2017（7）：19-22.

［2］郑毓信.以"深度教学"落实数学核心素养［J］.小学数学教师，2017（9）：4-10.

［3］张奠宙，巩子坤，任龙敏，等.小学数学教材中的大道理［M］.上海：上海教育出版社，2018.

［4］吴正宪，张秋爽."儿童数学教育"的追寻——理解儿童 理解数学［J］.
小学数学教师，2016（12）：4-10.

［5］曹培英.跨越断层，走出误区："数学课程标准"核心词的解读与实
践研究［M］.上海：上海教育出版社，2017.

［6］史宁中.数学基本思想18讲［M］.北京：北京师范大学出版社，2016.

悟智慧课堂之本　行智慧课堂之道

2019 年的7月至2020年12月，将近一年半的时间，我和区内的教师一起探索智慧课堂。对于智慧课堂，我之前思考的并不多，到底什么样的课堂是智慧课堂？作为教师，我们要怎么做呢？

之所以探讨这样的话题，是因为我们所处的时代在快速发展，智能技术影响着我们的工作、生活。有数据显示，当下我们67%的生活必需品来自互联网。从IT（信息技术）时代到DT（数字科技）时代，再到AI（人工智能）时代，一个智能机器人，能够通过自身感知做出自发行为的决策，这是我们原来所想不到的。未来已来，无论生产、科研还是日常生活，世界将会经历一场颠覆性改变。智能扫地机、智能送货机、智能电视机等，智能产品到处可见。由于人工智能的发展，很多岗位可能会被机器人所代替，如服务员、接线员、快递员、围棋手、翻译等。英国广播公司基于剑桥大学研究者的数据体系，分析了365种职业未来的"被淘汰的概率"，可能被淘汰的排在前三位的职业是：电话推销员、打字员、银行职员。教师被淘汰的概率是0.4%，被列为最不可能被人工智能取代的职业。

智能技术的快速发展，为教育教学的改革提供了新的契机。未来的社会，人类和机器人共存，机器人将深入人类生活的方方面面，如批改作业、帮助城市管理、医疗保健、农业种植等，虽然教师的职业不可能被人工智能所代替，但在大数据、信息网络化、云计算、智能机器人时代，在知识和信息爆炸的时代，人的活法在改变，学法必然要改变，教法也必然要改变，未来是"能者"为师。

"泛在教育"已经出现，世界是个大学校，网络空间是个大教室，智能机器人是个有学问的"大教师"，而我们这些传统意义上的教师将成为学生学习的陪伴者、咨询者，是真正意义上的灵魂工程师、人生导师。因此，教师的工作更需要有创意。传统课堂发生巨变，智慧课堂应运而生。

一、智慧课堂的含义

（一）智慧课堂的"硬件定义"

到底什么是智慧课堂？简单来说，就是借助网络教学平台，利用先进的多媒体技术进行教学的课堂。智慧课堂通过视频、课件资源提供、播客、网络探讨互动等方式，调整课堂内外的时间，将学习的决定权从教师转移给学生，让学生的学习更加灵活，更加主动。我把这个定义称为"硬件定义"，因为这种课堂需要硬件设施的支持。

这种智慧课堂能实现吗？我们首先要思考：硬件设备水平能达到吗？作为课堂教学组织者的教师的观念与技术都准备好了吗？这种智慧课堂中的智慧是人的还是机器的？我们要用人工智能帮助人类智能，而不是用人工智能代替人类智能。教育说到底应该还是人的智慧，教师要操纵教育技术，使之为课堂教学服务。智能技术为教学提供了新路径，这种智慧课堂的教学模式如下。

课前：课前的学情分析。教师通过智慧教学平台进行学情分析。平台的软件会对学生学习过程、作业情况进行分析，分析结果是非常精确的，这样教师就可掌握第一手学情资料，根据学情和学习内容确定教学目标。教师根据教学目标向学生推送学习的内容，如文本、微课、课件、图片等，同时推送预习检测内容等。学生完成教师推送的任务，并记录预习中遇到的问题。针对预习中存在的问题，学生可以在论坛或网络平台上进行讨论。

课中：学生展示自学成果。教师对在线遇到的问题进行深入讲解。课堂练习老师会推送到每个学生终端上，得到实时的反馈。教师根据测评反馈结果对知识薄弱点进行重点讲解，通过师生、生生的交流互动解决学生在学习时遇到的问题。

课后：个性化推送——教师依据学生课堂学习情况，针对每个学生发布个性化的课后作业，推送学习资源；完成作业——学生完成课后作业并及时提交给教师，得到客观题即时反馈；批改作业——教师批改主观题，并录制讲解微课，推送给学生；总结讨论——学生在线观看教师所录解题微课，总结所学内容，在平台或论坛上发布感想与疑问，与教师、同学在线讨论交流。

上面的模式可以说是一种混合式的教学。2017年，曾有一个全国范围内的调研——"未来你心目中的最理想的教学方式是什么？"有31个省份1559名教师参与，调研结果显示，线上学习与线下研讨结合的混合式教学位居榜首，占34.12%。其余依次为问题解决式教学、启发式教学法、案例教学法、小组合作教学等。这项调查说明混合式教学是受教师欢迎的。

在2019年的7月9日，我和一些培训教师一起探讨智慧课堂，当谈到线上教学时，一位教师说："太遥远了吧，那是多年以后的情景吧。"然而，猝不及防，这种模式很快就开始使用了。2020年初，一场突如其来的新冠肺炎疫情，促使全国教育系统开启了史无前例的在线教育，新的教育时代已经到来，线上线下教育融合已经成为趋势。将来即使新冠消失，线上教学对教学的改变也回不去了，会成为教育的常态。华东师范大学李政涛教授提出了"融合教学"，即线上线下教育融合。

互联网时代才能满足个性化学习需要，网络化的学习将成为常态化的学习方式。可以预见，未来的课堂教学，无论是在教育观念上，还是在教学结构上，都将朝着以"学生的学习为中心"这一核心内容发生转型，真正实现"以学定教"。以学生为主体、以学定教的模式，更有利于培养学生的创新思维。"互联网+"技术引发教育的变革，学校的围墙正在被悄然打破，学习变得没有边界，个性化学习变得不再遥远，新的教育生态正在我们身边逐渐生成。

上面所说的智慧课堂就目前来说，是无法实现的，很多学校的硬件设施水平达不到，教师的观念还需转变，教师的教育技术能力还需要提高，传统的线下课堂教学仍然是课堂教学的主流方式。在这种情况下的智慧课堂该是什么样的呢？

（二）智慧课堂的"软件定义"

通过教师的智慧的教，学生获得智慧，师生在课堂上共同成长。怎样才能算是智慧的教呢？如果课堂是在发展学生的思维，落实学科素养，构建有品质的课堂，这就是智慧的教。智慧课堂的核心是发展学生的思维，智慧的教的最终结果是提高教学质量，这是智慧课堂之本。相对于前面智慧课堂的硬件定义，可以把这里所下的定义称为"软件定义"。

教学质量是一所学校的生命线，它承载着教育的责任和社会的诉求。教学质量也是一位教师安身立命的本钱。无论是素质教育时代，还是核心素养时代，提高教育质量是一个永远绕不过去的话题。国际21世纪教育委员会曾经提出："教学质量和教师素质的重要性，无论在哪个时代，怎么强调都不过分。"智慧课堂的副产品就是教学质量的提高。

智慧课堂应该具备以下三个特征。

灵动性：课堂充满灵动和生机。学生在师生互动、生生互动中实现思维的碰撞，从中获得感悟和启迪，从而变得有灵气、有悟性、有智慧，变得越来越聪明。

创造性：智慧课堂要充满创造性。这里的创造性表现在两个方面：从教师的角度看，教师对教材有自己独特的见解，有创意地进行教学设计，课堂上能激发学生的好奇心，并能提供学生创新思维的方法和策略。从学生的角度看，学生能发现和提出有意义的数学问题，能发现数学关系与规律，能提出猜想并加以验证。

高效性：智慧课堂的本质是高效。课堂效率高，教学效果就好。智慧课堂的底线就是规范。根据教学的效率、效果，我们把课堂分为以下几个层次：规范课堂—有效课堂—高效课堂—智慧课堂，智慧课堂是课堂教学的最高层次，没有最经典，只有更智慧。

二、如何构建智慧课堂

明白了智慧课堂的含义，那么如何在课堂上实现智慧的教，落实以"以学为中心"的理念？课堂上，我们不仅要教知识，更要教素养。指向知识为本的教育一定是没有生命力的。未来比的不是知识，而是智慧。作为教师，我们首先要发掘自身的智慧，构建智慧的课堂，激发学生的智慧。下面我们就一起来交流关于构建智慧课堂的一些实践思考。叩问自己，以下几点可否做到？

（一）我了解学生吗？

有这样一个漫画故事：小兔去钓鱼，第一天没有钓到鱼，第二天、第三天、第四天……一直到第八天，小兔都没钓到鱼。为什么呢？原来小兔用它喜欢的胡萝卜作为鱼饵钓鱼。这个漫画故事给我们怎样的启示呢？课堂上，作为教师的我们用自以为"好的方法"讲给学生，学生就能学好吗？学生真能理解吗？很多时候学生是不领情的。我们只有了解学生、读懂学生，才能站在学生立场进行教学，才能引起学生的共鸣，才有可能出现心灵的对话、思维的碰撞、智慧的闪现。我们要构建学生需要的课堂，否则将"误人子弟"。著名数学家波利亚说："学生想什么比教师讲什么重要千百倍。"走近学生，了解学生的所思、所想，才能使课堂更具智慧。

美国著名教学心理学家奥苏贝尔说："如果不得不把教育心理学的全部内容简约成一条原理的话，那就是影响学习的最重要的因素是学生已知的内容。"只有基于学生认知基础的教学，才更有效。

2011年版义务教育数学课程标准中指出，教师教学应该以学生的认知发展水平和已有的经验为基础，面向全体学生，注重启发式和因材施教。学情分析是影响教学设计的重要因素之一，了解学情、分析学情是我们智慧教学的起点。学情分析是制订教学目标和学习目标的基础，学情分析是学习素材选择的依据，学情分析也是教学策略选择和教学活动设计的基础，学情分析还是"学为中心""以学定教"教学理念的具体落实。

试问，在课堂教学中，我们是否思考过这些问题：学生会阅读吗？知道怎么审题吗？我们了解学生的做题习惯吗？我们平时备课时，备评价、备练习吗？在作业设计与布置中，我们做到分层了吗？我们进行过课堂前测、课后访谈吗？复习课高效吗？……没有做到这些，我们何谈智慧的教？习惯出成绩，规范出成绩，管理出成绩。一个上课随意的教师，教不出规范的学生；一个没有智慧的教师，教不出智慧的学生。只有读懂了学生，我们才能构建规范的、高效的智慧课堂。

如何读懂学生？

澳大利亚学者约翰·哈蒂在著作《可见的学习——最大程度地促进学习（教师版）》中就表达了这样一个主题：我们必须保持学习的优先地位，并且以教学对学生的学习产生的影响作为教学根本。这个主题应当是课堂教学永恒的主题。优秀的教师都站在学生的角度进行课堂教学。"吃透"学生是改进教学的秘诀。我们可以从以下几方面读学生：

一读学生已有的学科学习经验。教学要与学生已有的经验结合起来，因此教师要了解学生已有的学科知识经验，在此基础上，培养学生类推迁移的能力。二读学生学习习惯。学生通常是怎样审题的？如何做阅读分析题？如何做解决问题的题目？只有了解学生的学习习惯，培养学生良好习惯才更具针对性。三读学生个体的差异。我们要客观地认识到学生之间是存在差异的，理解差异，尊重差异，这为因材施教奠定基础。四读学生思维的差异。五读学生学习的困难。六读学生学习的错误。七读学生学习的困惑。八读学生学习的路径……我们要退到学生学习的起点、学生学习的经验，这样我们的课堂教学设计才能有针对性，学生才愿意听、愿意学，才能落实课堂的实效性。

唯有读懂学生才能不断促进学生发展。读懂学生的方法一般有四种：调查法（问卷调查）、观察法（课中观察）、访谈法（随机访谈，特别是课后访谈）、作品分析法（课堂作业、练习）。当我们走近学生，与他们敞开心扉交流时，会有很多我们不曾想到的发现。身边一位教师，多年来形成了一种习惯，下课总是要和几个学生做交流，了解学生的学习情况，学生会真诚地说感受、说困惑，教师以此再次判断教学效果，调整接下来的教学活动。我们只有通过读学生，才能准确找到教学的起点、着力点。

在了解学生的基础上设计学习活动。在设计教学活动时，教师要充分分析学生，关注学生是怎样学的，预设他们解决问题会有哪些不同的方式和途径，可能会出现哪些结果，产生不同情形的原因有哪些，学生在解决问题的过程中可能会遇到什么困难，如何给学生提供必要的帮助，等等。

（二）我读懂教材了吗？

"成功的花，人们只惊羡她现时的明艳！然而当初她的芽儿，浸透了奋斗的泪泉……"冰心的这首小诗是对我们教学工作最精辟的注解。"台上一分钟，台下十年功。"课堂的精彩是课外对教材精彩解读的结果，没有课外对教材进行深度、精准解读，就不会呈现智慧的课堂。有的课堂单一无趣，有的课堂内涵丰富，不同的课堂折射出了教师不同的学科素养。教师的课堂会显现他读过的书、走过的路，有他的视野和格局，以及研究教材的程度。"汝果欲学诗，工夫在诗外。"陆游的这句诗也启发我们，只有读懂教材，才能有好的教学设计，才能上出高品质的课、智慧的课堂。

教师本身就是课程，所以不能带着困惑走上讲台。站在讲台上，教师说的每句话，每一个行为都会对学生产生影响。只有教师明白了，学生才能明白。当教师读明白了教材，就能把静态的知识变成动态的知识，内化成学生自己的知识。教师是"媒介"，也是"中介"，所以我们要做"明师"，只有教师读懂、读"透"了教材，才能为明白的教、智慧的教打好基础。好的教学设计都建立在读透教材的基础上。教学设计能力是教师的专业能力之一，它和课堂演绎的能力同等重要，甚至超过了课堂演绎的能力。

优秀的教师和平庸的教师的最大区别就在于优秀教师常把复杂的内容教得非常简单，平庸的教师把简单的内容教得非常复杂。这其中的原因就是二者对教材的研究深度存在差距。研究教材，提高教材研究能力是我们每一位从教者必须认真做的一件事。这就要求我们研透教材，挖掘教材内容的本质，找出其思想价值。

方法的问题实际上是内容的问题。教学中，我们经常看到这样的现象：同样的教材，经过不同教师的处理，教学效果截然不同。例如，同课异构活动是一种非常有效的教研形式。在同课异构活动中，我们常常会看到不一样的教学效果。

同样的教学内容出现不同的教学效果，究其原因有两点：一是教学理念不同，二是钻研教材程度不同，解读教材的深度决定了课堂教学的深度。要想实现"用教材教"的理念，就要先"入"教材，再"出"教材。没有对教材的"深入"，也就没有对教材的"浅出"。教师把教材钻研得深，悟出的道理就透彻，对教材就能正确理解、准确把握，知道教什么、怎么教。

清楚地理解并掌握所教数学知识结构是一位合格数学教师首要的基本素养，其他学科也一样。教师要想了解学科的知识结构，就必须研究教材、熟悉教材，能厘清教材的脉络、结构，只有这样，才能在教学设计和课堂上胸有成竹。

"不打无准备之仗"。研究教材，读懂教材，做明白之师，才能设计出创新的教案，激发学生的学习兴趣，提高课堂效率。

（三）我关注学习目标了吗？

有些教师在课堂上会出示学习目标，那我们一起来思考以下几个问题：

出示的是教学目标还是学习目标？课堂上应该给学生出示什么样的目标？出示的目标学生能看明白吗？出示的目标有用吗？自学指导与学习目标匹配吗？

例如，人教版五年级上册教材《方程的意义》这节课的目标设计如下。

教学目标：

1. 正确理解方程的意义，体会方程和等式的关系。

2. 经历从具体问题情境中抽象出方程的过程，在观察、分类、抽象中感受方程的思想方法，发展思维能力，增强符号意识。

3. 引导学生初步体会方程的作用，为进一步学习方程做准备。

学习目标：

1. 能说出什么叫方程。

2. 知道方程和等式的关系，并能用集合图表示。

3. 在观察、分类、抽象的过程中体验方程的含义，感受方程的思想，增强符号意识。

4. 能正确判断哪些等式是方程。

5. 知道方程的由来，体会方程的作用。

从上面的例子可以看出，教学目标与学习目标是有区别的。教学目标是指教学活动的主体在具体教学的活动中所要达到的预期结果，是师生共同完成的教学任务。

学习目标是学习的出发点，学习的归宿，是学生通过学习要达到的预期结果。两者到底如何区别？教学目标和学习目标都涵盖了知识目标、素养目标，但教学目标是教师制订的，是供教师看的，它的范围更大，包含了学习目标。学习目标面向的是全班不同的学生，应让每一个学生都能看懂，因此，学习目标的可操作性要强，其语言要准确具体，让学生明白学什么、怎么学。

有些教师把教学目标和学习目标混为一谈，如《雅鲁藏布大峡谷》，教师出示的学习目标如下。

1. 深刻感受雅鲁藏布大峡谷的壮丽。激发学生热爱祖国山河、热爱大自然的情感。

2. 培养学生的语言表达能力。

3. 初步学会列写作提纲。

实际上这位教师出示的是教学目标。应改为如下内容。

1. 朗读课文，说出大峡谷的特点，激发热爱祖国山河、热爱大自然的思想感情。

2. 说出大峡谷引用传说的作用。

3. 说出本课的语言特点。

4. 学习列写作提纲。

学生能说出大峡谷的特点，也就深刻感受到了雅鲁藏布大峡谷的壮丽，从而激发热爱祖国、热爱大自然的情感。学生在"说"的过程中，也培养了表达能力。

（四）我的课堂有学科味吗?

凡是落实了学科素养的课堂，才算上出了学科的"味道"。例如，语文课上，学生写一段"热爱劳动"的语段，有学生这样表达："劳动真的很重要，我们要热爱劳动。经常帮妈妈做家务……"有学生这样表达："民生在勤，勤则不匮，劳动是财富的源泉，也是幸福的源泉，夙兴夜寐，洒扫庭内……"两种表达方式显示了两种不同的语文素养。数学课上，学生自主探究后能清楚地表述自己的思考过程，能总结出方法、规律，会反思自己解决问题的过程。英语课上，教师全英教学，师生对话自然，发音纯正，表达清楚，这样的课堂就有了学科的味道。

有学科味道的课堂也是深度的课堂。没有深度的课堂，就体现不出学科的味道。没有深度的课堂一定也是没有魅力的。一节课下来，没有给学生留下一点深刻的东西，而只是对教学内容中的知识做了表层的理解，这样的课堂是没有学科味道的，是浅薄的、是可怕的。学科的"味道"是什么? 到底怎么做才算上出学科的味道呢? 请看下面的例子，思考这样上课，体现学科的味道了吗?

教师先出示如下学习目标。

学习目标:

1. 理解除数是整十数的除法的笔算方法。

2. 能用计算方法正确进行笔算。

这实际上出示的是教学目标，接着教师出示了如下的自学提示让学生自学。

自学提示:

请同学们认真看课本73页例1、例2，重点看图、竖式和蓝字内容，并思考下面问题。

1. 例1中，"可以分给几个班？"用什么方法计算？

2. 92÷30为什么商为3？你是怎么想的？

3. 商的3应该写在哪个数位上，为什么？

4. 例2，178÷30被除数的前两位比30小，该怎么办？

5. 该怎么试商？商应该写在哪个数位上？

6. 比较例1、例2的除数和余数的大小，你发现了什么？

（时间5分钟，要认真自学，坐姿端正，独立思考！）

自学后师提问，一问一答，结束新课学习。

试问：学生在短短的5分钟内，能探究完这些问题吗？自学有多大的效果？这样的课学生会喜欢吗？答案是否定的，这样的课堂中真正的学习并没有发生。

我们来欣赏一个教学片段：

在"全国深化小学数学教学改革观摩交流会"上，北京市朝阳区实验小学倪芳老师执教了《11～20各数的认识》一课。在优质课大赛中，上一年级的课本来就很具挑战性的，况且学生入学不到两个月，上这样的课是需要勇气和智慧的。这节课倪老师却上得非常出彩，教学设计巧妙，学生兴趣盎然。用两个同样的珠子表示11，进而引出数位的环节尤为精彩。

师：我们用一捆小棒和1个小棒表示多少？

生：11。

师：现在只有两颗像这样颜色一样，大小也一样的小珠子，它们还能表示11吗？

生：不能。

生：能。

师：有人说不能，有人说能。看来大家意见不太一致，那来交流交流。刚才认为不能的同学请举手，到前边来。认为能的同学请举手，谁愿意来交流，请到前边来。

师：老师给你两个小珠子，你可以拿着说，说说你是怎么想的，好吗？

生：因为我觉得这两个是一样大的，颜色也是一样的，所以不能分成11，只能分成20或1，两个组成才是2。

师：2？你是说两个只能组成几？可以怎么组成20？

生：因为可以把这一个当成10，另一个当成10。

师：这是他的想法，你们有没有补充？

生：有。

生：我拨的时候不像10、20个，就像2个。

师：不像那么多，你们有没有想说的？

生：有一个珠子是十位，有一个珠子是个位。

师：你们有没有补充的？来吧，说说你的想法。

生：她是把这个当作10，这个当作个位，这个当作十位。

师：对，这个当作几？

生：这个当作十位。这个当作个位。

师：这是她们的想法，你们还有没有什么想说的？觉得这样行不行？

生：这个是10，这个珠子一个珠子表示10个，第二个珠子表示1个，合起来就是11个。

师：你们觉得这样行吗？

生：不行。

师：不行，说想法。

生：因为这两个都是一样大的，颜色也一样，不能说成11。比如，如果你是这么想的，你把一个放成大的，另一个放成小的。所以你把这个大的当成10，这个小的当成1，所以就是11了。

师：你说的都一样大的，那你怎么区分呀？谁是10，谁是1？

生：我感觉这个是1，这个是10。

师：嗯，差不多了啊。

生：因为那个拿过来，然后把它放在一起的话，先要比一下它的……大不大，小不小。

师：哎呀，孩子们，看来现在意见还是不一致。他们认为还是不行，他们认为可以一个当10，一个当1，对不对？想不想听听倪老师的？

生：想。

师：他还想补充，听听他是怎么讲的？

生：因为它们两个是一模一样大的，有一个珠子，你在上面写一个十位，另外一个珠子在上面写一个个位，就能区分了。

……

在听课教师的一片赞叹声和掌声中，学生激烈的辩论结束了，课堂精彩继续。课结束时，学生恋恋不舍地与倪老师告别，感动了我们在场将近两千名的教师，我们的心也是暖暖的。此刻，在意犹未尽的同时，这节课引发了我的思考：这一精彩的片段给我们传达了怎样的信息？不妨让我们一同来赏析。

一是学会等待，给学生探索的机会。课堂的精彩是学生的精彩，课堂的魅力是教师的魅力。入学仅仅一个多月的一年级的孩子，在课堂上出色的表现，得益于执教老师的引导，得益于教师教学的智慧。"两个一样的珠子能表示11吗？"一石激起千层浪，学生围绕这个问题展开了热烈的讨论。在教师给了充分的学习时间和空间进行讨论后，学生仍然没有达成共识，教师并没有急于给出答案，而是让一个举手的学生继续说出他的想法。结果，这名学生说："在一个珠子上写十位，在一个珠子上写个位"。他给出的答案不仅正确，而且表述完整，把这节课推向了高潮，真可谓是"给学生一个等待，学生还你一个精彩"。在评课时，马云鹏教授说道："教师可能知道学生说什么，但却不知道不同的学生会想些什么。"所以在课堂上，教师要学会等待，给学生留下足够的探索时间和空间。教师给学生探索的机会、说的机会，答案让学生讨论出来、说出来，这样才能让学生印象深刻。

二是学会等待，让学生经历探索过程。教师在教学实践中，要让学生去"悟"、去经历思与想的过程。过程也是目标，所以课堂上，在新知探索环节，教师要多给学生时间，让学生充分经历知识的探索过程，要做到"慢"而"透"。数位的引入对一年级的孩子们来说是比较难的，但是为了突破这一难点，倪老师设计了让持相反想法的双方进行辩论的环节，虽然开始学生各执一词，但在学生"笨拙的"叙说下，他们的思维在不断地碰撞，最后找到了答案，引出了数位"十位"和"个位"。这一过程体现了"慢"而"透"，学生的理解是较为深刻的，教师是在为学生的理解而教的，体现了让学生自主建构知识的理念，让课堂有了"数学味"。

课堂上，短时间的等待是为了等来学生的顿悟，为了学生更好地理解知识。因此，在新授环节教师要放慢脚步，学会等待，"等"出精彩的课堂，等出高质量的课堂。会等待也是一种教学智慧。

任正非说："一个国家的强盛是在小学教室的讲台上完成的。"作为小学教师的我们能做的就是落实学科素养，发展学生核心素养。我们所有学科都应该培养学生的思维能力、表达能力，思维能力决定了做事的能力。虽然所有学科都应该培养学生的思维能力，但是根据学科的特点，数学学科重要的是培养学生的思考力，发展学生的思维，培养学生的理性精神。而语文学科呢？重在培养学生学会积累、学会表达。

如何做到教出学科味？

（1）追寻学科本质，促进学生思考。叶圣陶先生曾说过："学生自己动脑筋，得到的东西格外深刻，光听老师讲，自己不思考，得到的东西就不深刻。"引导学生经历、体验、探索知识的形成过程，促进学生思考，积累活动的经验。在这样的课堂中，真正的学习发生了，这是"真课堂"，这样的课堂才有"数学味"，学生的数学素养就会自然形成。为什么教师上课的时候学生听明白了，而课后做作业和考试遇到变式题目又不会了呢？因为很多时候，学生是在被动地接受知识。教学是教学生学，是引导学生学会思考。我们的课堂不能仅仅为结果而教，而应该有探究的过程。

（2）问题引领，将思维引向深处。有效的课堂问题是清晰、有层次性、有启发性、有探究性的，难易适度；多设计开放性的问题，以发展学生的思维。问题应设在知识形成过程的关键点，运用数学思想方法寻找解决问题策略的关键点，数学知识之间联系的联结点，数学问题形成的发散点，学生思维的最近发展区。

（3）重视数学思想方法的渗透。思想方法是学科的精髓和灵魂，我们的课堂教学应建立在思想方法感悟及应用上，学生掌握了思想方法，就能从整体和本质上把握学科，优化思维品质，从而终身受益。

（4）让学生多表达。美国功勋教师德·鲍拉说："教重要的在于听，学重要的在于说。"而我们现实的一部分课堂却正好相反，往往是教师讲学生听。教师害怕学生说不清楚，耽误上课时间，所以总是不愿让学生说，长此以往，学生越来越不敢表达、不会表达。我们所追求的智慧课堂是"学为主"的课堂，学生站在课堂的"正中央"，探索知识、表达自己思路、想法。这样的课堂才有学科的"味道"。

（五）我培养学生的学习能力了吗？

孟子曰："君子深造之以道，欲其自得之也。自得之，则居之安；居之安，则资之深；资之深，则左右逢其原，故君子欲其自得之也。"只有靠正确方法获得的知识才能牢固掌握，运用起来才能得心应手。

未来的课堂会更加智慧。北京师范大学智慧学习研究院黄荣怀院长指出："时代的发展，学会学习显得前所未有的重要。"人的一生所获得的知识，绝大部分是自主学习获得的，所以我们要提高学生的学习能力，教给学生学习的策略。

修订后的高中课标也指出："教师要加强学习方法指导，帮助学生养成良好的数学学习习惯，敢于质疑，善于思考，理解概念，把握本质，数形结合，明晰算理，厘清知识的来龙去脉，建立知识之间的关联。"我们在课堂上教给学生的知识只是冰山一角，大量的知识需要学生自己去学习，这就要求我们教给学生学习的方法。教学是教学生学，所以我们要引导学生总结学习的策略，如我们数学学科解决问题的策略有穷举法、一一对应、列表法、变中找不变、倒推法、假设法、分类法、画图法、类比法、转化法、代换法等，这些策略可以帮助学生顺利地解决问题。

在智慧的课堂，教师会培养学生解决问题的能力、思维能力、审题能力、分析问题能力、反思能力等，同时重视学生倾听能力的培养。下面是张齐华老师培养学生倾听能力的片段。

师：别着急，问大伙儿一个问题，他即将跟大家分享观点，我们干什么？

生：听。

师：听什么？（一半孩子茫然了，回答不了这个问题）你们的听都是假听。

生1：听她的想法对不对。

师：真好，还可以听什么？

生2：听她是通过什么方法解出来这道题的。

师：真好，找背后的方法。

生3：听他们是怎么合作的？

师：没错，听的过程中，看同伴对我有没有启发和影响。友情提醒一下，还可以听一听他的思路跟我的思路是否有相同之处，既要听懂对方，听明白对方，听透对方，还得把自己带进去听，对不对，能做到吗？

张老师近两年一直带领团队研究社会化学习，注重学生自主学习能力的培养。上述对话启发我们，学生的学习能力的培养需要教师引导，教师引导学生自省、自悟，让学生在这一过程中学会学习，提高自身的学力。

如何培养学生的倾听能力？

要求学生：

（1）认真听同伴发言，同伴说了什么？你怎样评价他的发言？

（2）听懂别人表达什么意思，别人的表达对你有没有影响。

（3）说别人的想法。

（4）说的同学清楚表达，确保所有同伴听懂你的想法。注意：倾听要有任务驱动，利用评价倒逼，教师要梳理引导。

教师在培养学生的阅读能力时，要引导学生明白，不仅仅语文学科需要阅读，数学、科学、道德与法制等其他学科也需要阅读。教师在指导学生进行数学阅读时，让学生读完整，不能跳跃，要一字不漏，因为差之毫厘，谬之千里。学生要精确读、深入读、读出声音、边读边圈一圈、画一画。

教育家陶行知提出："教学要合一的第一个理由就是先生的责任不在教，而在教学生学。"教学的最终归宿是指导学生学会学习，学会思考，自主学习。我们要教给学生方法策略。他还说，好的先生不是教书，不是教学生，乃是教学生学。第斯惠多也说过，不好的教师是转述真理，好的教师是叫学生去发现真理。我们要教给学生发现真理的法子。

（六）我的课堂有意思吗

歌德说："哪里没有兴趣，哪里就没有记忆。"皮亚杰说："所有智力方面的工作都依赖于兴趣。"杨振宁博士说："什么叫'苦'？自己不愿意做，又因为外界的压力非做不可，这才叫苦。物理学研究没有苦的观念。物理学是非常引人入胜的，它对你的吸引力是不可抗拒的。"他们的话值得我们深思。作为教师，我们要用自己的智慧创建有意思的课堂。

智慧课堂不仅要有高度、有深度、有温度、有厚度，还要有意思。首先，教师要有趣。一个教师对学生的影响，首先是态度，其次才是知识。曾经有一个有名气的英语培训机构，在招聘教师时，让招聘者讲半个小时笑话，不是讲英语，如果能讲半个小时笑话，就被录取了。因为他们认为，一个有趣的教师，一定能给课堂带来生命力，带来激情，带来快乐。

其次，教师要善于创设真实的情境。创设优质的教学情境，提出高质量的探究问题，既影响学生学习的动机，也关系到课堂教学质量。情境对学生的发展有重要影响，情境与问题是激发学生思维最重要的条件。2019年7月，中共中央、国务院印发的《关于深化教育教学改革全面提高义务教育质量的意见》中特别提到了要重视情境教学。创设真实的情境，是为了培养学生在真实情境中解决问题的能力，即核心素养。

再次，教师要让学生感受学科之美。每位教师都要以审美的意识进行教学，让学生感受数学之美，这实际上也是审美教育的渗透。如果我们把学科的美展示出来，引导学生体会学科之美、体会学科的魅力，那么，学生会对学科产生兴趣，才会快乐地学，快乐地做作业，自主地学习，从而改变学习状态，提高学习质量。数学中有简洁美、和谐美、对称美等。符号教学中，数字符号可以编儿歌，运算符号可以动态演示。加号的演示：先出现一横，再移来一竖，以显示"合并""添上""增加"意思。减号的演示：从"+"里拿走一竖，表示去掉、减少的意思。乘号的演示：将"+"转动45度成"×"表示特殊的加即同数连加。

另外，教师可以上一些非常规的数学课，激发学生学习兴趣。激发学生的学习兴趣是一个老生常谈的问题，但是我们要常谈常新。因为有兴趣，学生才乐学；因为感兴趣，学习才不会是负担。例如，数学可以添加除法竖式谜、乘法竖式谜、24点游戏、数字黑洞、有趣的计算、规律的探究等课。这样的课我一般安排在下午的辅导课上。在学习了《万以内的加减法（二）》后，我给学生上了一节数字黑洞课，才练了一组后，学生的兴奋点就被点燃了，一连做了几组，学生始终都处于成功的喜悦中，下课了还舍不得离开教室，最后，我只好让学生晚上回家再和父母一起玩"数字黑洞"的游戏。这样的课，学生都会感兴趣的。在游戏中、新奇中，我们不知不觉开阔了学生的视野，锻炼了学生的大脑，学生也巩固了所学的知识。

孔子说过："不愤不启，不悱不发。"智慧课堂上，要让学生愤悱状态全开启，就需要我们智慧地教。课堂教学情节、环节的设计是整个学习的动力系统。不断激发学生的情绪，这样课堂会活起来，学习的效率自然会提高。

国家督学成尚荣教授指出："课堂教学改革就是要超越知识教育，从知识走向智慧，从培养知识人转为培养智慧者；用教育哲学指导和提升教育改革，就是要引领教师和学生爱智慧、追求智慧。"由此可见，由传统的课堂向智慧课堂转变是我们将来课堂教学改革的方向所在，也是国际上课堂教学发展的潮流所向。智慧课堂引领师生智慧成长。

微型课不"微"，"仿真课堂"见素养

微型课作为一种教研形式、评价方式，基于其形体齐备而规模小的特点，现在受到广泛的关注和应用，它促进了广大一线教师改善教学行为，提高了课堂教学水平，促进了教师专业成长。

一、微型课的意义与特点

（一）微型课的意义

微型课是比正常课教学时间短、容量小的课，也可以说是一节教学环节完整、教学要素齐备的常规课的浓缩版的课，还可以说是一种"仿真课"，它比正常课时间短。微型课一般是15~20分钟。微型课不"微"，虽然是微型课，但其教学环节完整。讲微型课要突出重点、突破难点、精选环节、精练语言，在规定时间内完成教学任务。

（二）微型课的特点

微型课因为没有学生的具体活动，所以容量小，但课堂环节还是齐全的，所以是"具体而微"，即形体齐备，而规模小。微型课具有以下几个特点：

（1）没有学生。常规课是面对学生讲，而讲微型课是没有学生的，可谓是一种"空讲"，讲课者一个人在讲，面对的是评委、领导、其他听课人。课堂的情况是由讲课者讲出来的。由测评者来判断上课教师的教学过程是否能达到预期的教学效果。因为没有可缓冲的载体，所以它更能表现出一个教师教学的基本功和基本素养。

（2）时间短。讲课者要在15分钟内，把常规课堂40分钟的讲课任务完成，所以微型课具有时间短的特点。

（3）课堂结构完整。有教师疑惑地问："微型课要处理练习题吗？"答案是肯定的。微型课的讲课时间短，但是具体过程和常规课堂教学是一样的，把一节课的教学过程进行完整展示。其间，教师问题的提出，课堂活动的安排，学生合作解决问题都要再现，只不过由于没有学生，教师的这些设计都是在提出问题或安排后，假设学生已经完成了，然后教师将下一个教学环节继续展示下去。微型课强调教学环节必须完整，包括新课导入、新知探究、巩固应用、总结提升、作业布置等环节。

二、微型课的作用

微型课不需要学生参与，比正常课时间短，对场地要求不多，比较实用，所以常用来进行资格认定、能力评估、招教面试等。因此，微型课具有以下几种功能。

招聘：学校在招聘教师时，一般都采用说课和讲微型课的形式。它能够在有限的时间内，对众多人员的教学能力分别做出甄别与评估，为教师招聘、资格认定、能力评估等工作提供较为快捷实用的可靠依据。

甄别：对于新到岗教师，学校为了了解其课堂教学水平，也使用讲微型课的形式，以便有针对性地安排教学任务。

评审：过去教师评职称，只有破格者和申报特级教师者才需面试。现在，作为一种改革的举措，进行职评全员面试，面试必讲微型课。它的形式是现场抽取课题，在规定时间内现场备课，再现场讲课。

评价：微型课也属于经济实用型课，它对教学场地要求不多，因此它被用在很多赛课中，尤其近两年，由于疫情影响，一些省、市级赛课都采用了讲"微型课"的形式。虽是微型课，但它对于一个教师的教学能力的提高有极大的促进作用。

研讨：因微型课便于操作，又能促进教师的专业发展，所以现在很多学校开展了微型课研讨活动。微型课的同课异构也受到了学校和教研部门的重视，用于教研部门组织的活动中。

此外，微型课还可以用来在课前试讲，为上好每节课打基础，以此来促进教师研读教材，锻炼每位教师的教学技能。总之，微型课在当下可谓用途广泛。

三、微型课存在的问题

微型课使用了多年，但仍然有部分教师把"微型课"说成"微课"，在使用微型课时，还存在一些问题。

其一，形式不对。把微型课当成"说课"。在短短的15分钟内，只叙说自己的教学设计，目标是什么，内容是什么，采取什么样的形式……例如，一位参加招聘的教师抽到的讲课题目是"圆的周长"。他说："我先出示目标，让学生读。"边说边在黑板上写下了"学习目标"。接着说："学生读完目标，我引入新课。"于是又把"引入新课"板书到黑板上。"接下来，我会在大屏幕上出示自主探究要求，让学生动手操作。"……显然这位教师是在说流程、说设计，不是在"讲"课。

其二，讲解不清。不会取舍教学内容，没有重点。许多教师抓不住重点。讲课面面俱到，在短的时间内好像方方面面的问题都讲到了，但方方面面内容都没有讲清楚。

其三，忽视对象。有参加讲课的人员，只为了在有限时间内完成教学任务，忽略了学生的主体地位及对现场教学的调控，听不出有师生互动、生生互动的情景，没有现场感。

其四，板书出问题。有时参评的教师太紧张，没看清题目，课题板书错误。还存在板书随意，板书不完整，字迹差，甚至有不板书的情况。这些情况主要出现在教师资格面试中。

四、微型课、微课、说课的区别

（一）微型课和微课

在平时的交流中，常有教师把微型课和微课混为一谈，名称说错。二者是完全不同的两个概念。微型课是一种课，而微课不是课，它是一种新型教学资源。

微课是指教师在课堂内外教育教学过程中围绕某个知识点（重点、难点、疑点）或技能等单一教学任务进行教学的一种教学方式，具有目标明确、针对性强和教学时间短的特点。微型课起源于20世纪80年代河南省新乡市。新乡市基础教育教学研究室宋伟富称微型课是一种实用的研修方式。微课最早起源于美国，它是以教学视频为主要呈现形式，围绕知识点、例题习题、疑难问题、实验操作等展开教学的方式。我国最早应用微课的是广东的胡铁生和内蒙古的李玉平。

微课的核心组成内容是课堂教学视频（课例片段），同时包含与该教学主题相关的教学设计、素材课件、教学反思、练习测试及学生反馈、教师点评等辅助性教学资源，它们以一定的组织关系和呈现方式共同营造了一个半结构化、主题式的资源单元应用小环境。因此，微课既有别于传统单一资源类型的教学课例、教学课件、教学设计、教学反思等教学资源，又是在其基础上继承和发展起来的一种新型教学资源。在教育教学中，微课内容可以是教材解读、题型精讲、考点归纳，也可以是方法传授、教学经验分享等技能方面的知识讲解和展示。微课是课堂教学的有效补充形式，微课不仅适合于时代知识的传播，也适合学习者个性化的需要。

微课具有以下特点：

（1）教学时间较短。教学视频是微课的核心组成内容。根据中小学生的认知特点和学习规律，"微课"的时长一般为5~8分钟，最长不超过10分钟。因此，相对于传统的40或45分钟的一节课的教学课例来说，微课可以称为"课例片段"或"微课例"。

（2）教学内容较少。相对于较宽泛的传统课堂，微课的问题聚集，主题突出，更适合教师、学生学习的需要。微课主要是为了突出课堂教学中某个学科知识点（如教学中重点、难点、疑点内容）的教学，或是反映课堂中某个教学环节、教学主题的教与学活动，相对于传统一节课要完成的复杂众多的教学内容，其内容更加精简，因此又可以称为"微课堂"。

（3）资源容量较小。从大小上来说，微课视频及配套辅助资源的总容量一般在几十兆左右，视频格式须是支持网络在线播放的流媒体格式，师生可流畅地在线观摩课例，查看教案、课件等辅助资源；也可灵活方便地将其下载保存到终端设备（笔记本电脑、手机等）上实现移动学习、"泛在学习"，非常方便学生学习和适合于教师的观摩、评课、反思和研究。

（4）资源使用方便。微课选取的教学内容一般要求主题突出、指向明确、相对完整。它以教学视频片段为主，可以实现教学观念、技能提升，从而迅速提升教师的课堂教学水平，促进教师的专业成长，提高学生学业水平。

微课只讲授一两个知识点，没有复杂的课程体系，也没有众多的教学目标与教学对象，看似没有系统性和全面性，许多人称之为"碎片化"课程。但是微课是针对特定的目标人群、传递特定的知识内容。例如，"数学思考"这部分内容的第一个问题是找"点数和线段数"之间的规律。解决这个问题要利用找规律、列表推理等方法，对学生来说有一定的难度，所以教师可以将"点"连"线"的过程制作成微课，让学生在直观的演示中，体会点数和线段数之间的关系，找到其中的规律。

微课具有什么特征呢？①主持人讲授性。主持人可以出镜，可以话外音。②流媒体播放性。可以视频、动画等基于网络流媒体播放。③教学时间较短。教学内容较少，突出某个学科知识点或技能点。④资源容量较小。适于基于移动设备的移动学习。⑤精致教学设计。完全的、精心的信息化教学设计。⑥经典示范案例。真实的、具体的、典型案例化的教与学情境。⑦自主学习为主。供学生自主学习的课程，是一对一的学习。⑧制作简便实用。多种途径和设备制作，以实用为宗旨。⑨配套相关材料。微课需要配套相关的练习、资源及评价方法。

（二）微型课和说课

微型课和说课是两种截然不同的形式。

区别一：形式不一样。说课兴起于20世纪末期，它主要是介绍教学设计或设想，是一种虚拟性设想，属于教研范围。说课重点在"说"，说教材分析、说目标、说教法、说流程……说课是在"纸上谈兵"，是在务虚，不是在上课，是在告诉大家准备怎么上，为什么这么上，是"准备怎么做"。而微型课中心词是"课"，与常态课不同的是时间短，没有学生真正参与。它是一种"仿真型"状态，很多情况下是面对评委，展示自己的教学情境，属于评价范围，重点在于"我怎么做"。

区别二：展示内容不一样。两种形式都没有学生在场，前者说出教学设计即可，后者却要展示教学提问、教学互动，由评委根据展示来判断学生的学习状态和效果。

区别三：时间不一样。说课时间限制相对宽松些，而微型课有明确的限制。

区别四：作用不一样。说课重在研讨，微型课重在评价。

五、如何上好"微型课"

（一）虚实结合，"无中生有"

微型课现场没学生，但讲课者心中不能没学生，要做到"场上无学生、心中有学生"。微型课的具体教学过程和常规教学是一样的，要展示课堂的整个流程，该提问提问，该布置布置，该指导指导，该点拨点拨，该评价评价，如果讲数学微型课，可设计板演的环节。这些过场都要表现，只是学生没有实际做，讲课教师假定学生已经完成，估计学生完成的程度和结果，并将这些过程——呈现，让评委有"现场感"。讲课教师要做到估计恰当、点拨评价到位。

（二）导入明快，简洁新颖

上微型课要注重导入环节，由于时间比较短，教师不要在无效环节花费过多的时间，不管平时用哪种方法，都要与课堂教学内容紧密联系，不要绕圈子，要直奔主题，尽量做到新颖独到，引人注目。迅速切题，这是必须遵循的原则，这样才能把更多的时间分配到内容的讲授上。例如，有教师抽到"循环小数"这节课，她的导入是："同学们，我先给你们讲个故事，从前有座山，山上有座庙，庙里有个老和尚，老和尚给小和尚讲故事，这个故事是从前有座山……"就这样，1分多钟的时间过去了，这位教师的导课还没结束。切题迅速，可以直接点题，如："这节课我们一起来研究'商的近似数'，请看大屏幕……"直奔主题，可以节约一些时间用来讲重点知识。

（三）重点突出，理念先进

既然上的是一种微型课，那势必不可能像正常课堂那样大容量地教学，要在有限的时间内完成教学任务，必须精选内容，呈现的是内容的主干，去掉一些可有可无的内容，做到"精"而"简"。内容多，未免庞杂；内容少，则空洞。"庞杂"则重点不突出，"空洞"显内容不丰厚。重点知识要多花一些时间，可围绕重要知识点设计学习活动，多让学生汇报交流。一定要突出重点，同时，问题设计准确，指向清楚，让评委通过你的讲述听出课堂上是让学生在自主探究，让学生表达，有小组讨论，有评价语，是在发展学生的思维，是在落实学科的素养。

（四）语言生动，富有感染力

语言的准确、简明是教师教学基本功的一个重要方面，而在微型课中，由于受时间限制，语言的准确、简明显得更为重要。在微型课中，由于没有学生，学生如何进行学习活动是由老师讲出来的。整个过程，教师一人在讲，因而教师讲解水平就倍受评委的关注，对语言的要求就更高。所以，讲微型课要语言连贯，逻辑性强，抑扬顿挫，特别要注意说话的语气，尽量做到语言生动、形象，富有感染力，同时做到精练。

（五）展示专业，切忌空洞

微型课展示，教师要尽可能多地展示自己的专业素养，而不能仅仅展示如何组织课堂，这会让听者不知道你讲的内容是什么。

例如，一位教师抽到的讲课题目是"同分母分数加减法"。"看屏幕认真读题，在练习本上列出算式。""试着在练习本上算一算，谁来说一说你算的结果是什么？怎么算的？""为什么这么算？""计算时要注意什么？""下面我们来计算几道题。""通过以上几道题的练习，谁能说一说分数加减法的意义和分数加减法的计算方法？"这样讲显然是不合适的，因为这样讲给听者的感觉是教师仅仅是课堂的组织者，没有发挥引领的作用，听不出这节课的知识点到底是什么，也看不出教师的专业素养。

再如，有教师这样讲《守株待兔》："看到这个题目，你想提出什么问题？""还有什么问题？""你真会思考。""带着疑问读课文。""课文讲了什么内容？""你说得真完整。"……学生到底提了什么问题？他回答的内容若是重点，具体内容是什么？虽然微型课上没有学生，但是学生回答的重要内容还是要体现的，教师可以通过自己的语言叙述出来。像上面例子中，学生提出的问题、识字的方法、说明的道理等，还有数学课上的计算方法、算理、重要概念等都要说出来，也就是所讲课的重点内容一定要体现出来。

总之，在短短的十多分钟，讲课者要力争把自己的学科素养充分展示出来，而不能只是做课堂的组织者，或者走套路、走过场，切忌讲课空洞无物。

（六）收尾利落，要有总结

一节课的总结是必不可少的。讲微型课也必须有总结，它是内容要点的归纳、指出和强调，目的是使讲授的内容进一步突出。好的总结可以起到画龙点睛的作用。收尾的总结要干脆利落。短时间对一节课的教学进行归纳，语言尽量精练，在注意总结内容的同时，更应注重学科学习方法的总结。总结能使课堂结构完整。微型课的小结，不在于长而在于"精"，干脆利落。

（七）板书必有，美观实用

板书是一个教师的基本功，常规课要有板书，微型课也必须有。板书的作用是展示授课人讲述内容的要点，帮助听课人掌握所听内容的要点。板书要能看出整个课堂教学的基本内容，能给听者一个完整、直观的效果。板书速度应适中，内容不宜太多，也不宜太少，要简洁明了，要真正对内容要点起到提示作用。特别注意字迹尽量工整、精练、完整、美观，且要点突出、线索清晰。

（八）力求创新，亮点闪现

鉴于微型课没有学生参与，教学方法以讲授为主，所以尽量不要平铺直叙。如果平铺直叙，就显得没有亮点，不容易给评委留下深刻的印象，所以讲微型课要尽量展示自己独特的亮点。这个亮点可以是学科素养的展示，如朗诵、画图，也可以是幽默的语言、独特的教学设计、漂亮的粉笔字等，有了自己独特的亮点，就能提升微型课的水准。在设计教学过程时，要思考自己的教学亮点是什么，要扬长避短。

六、微型课应注意的事项

（一）不要太多重复学生的答言答语

重点内容可以重复，以突出重点。例如，"梯形的面积"一课中："观察拼成的平行四边形和原来的梯形后你发现了什么？请认真思考。""谁愿意分享你的想法？""请你说。""你认为拼成的平行四边形的面积是原来梯形面积的2倍，所以你认为梯形面积等于拼成的平行四边形的面积除以2。"在这里，教师重复了学生的答语，因为这是重点内容。对于非重点内容尽量不要重复。

（二）注意适度停顿，让听者听清楚流程、环节

例如，提出问题后或者是安排学生探究活动后，有个适当的停顿，以区分环节，让听者听得更明白。要注意的是这里的停顿是非常短暂的。

（三）要避免平铺直叙

不可一叙到底，使课堂变为教师的"独角戏"。怎么避免微型课的平铺直叙？一是讲解要围绕重点。二是预设学生活动。三是手段再丰富一些，尽量充满激情，环环相扣，启迪思维。在讲授时，设计问题、引发思考、小组合作、拓展延伸等。需要注意的是，提问后要稍做停留，做简短的点评，评价语少但针对性要强，必要时，也可以预设，如学生可能出现的共性错误等。

（四）角色定位要明确

不要混淆角色。"是教师扮演师生两个角色，还是教师转述学生的回答？"在一个培训班上，有教师提出了这样的问题。在实践中，的确有教师分不清楚，一会儿以教师的身份讲，一会儿又以学生的身份说。尤其是提出问题后，又以学生的身份来回答，像这种教师以学生的口吻叙说答语，是不应有的。没有学生，假设学生回答后，转述学生的答语是可以的，但不能以学生的身份回答问题。

此外，在准备微型课时，要准备过渡语，设计好过渡语，避免"短路"，还要准备板书……

七、微型课评价的尺度

微型课评价的尺度包括：①看真假。主要辨别参评选手是真教师还是其他岗位的人员顶替教师身份来参评。这主要是用在职称评审中。②看课型。是否把微型课意义搞清楚，与其他课型区分开来。③看过程。是否流畅明快，线索清晰，分工明确，重点突出。④看能力。包括教学设计和活动组织能力。⑤看意识。教师的课改意识，是否转化为教学能力，或在教学过程中所体现出来的主体意识、主导意识、服务意识、引领意识、激励意识和创新意识。⑥看创意。优秀教师的素养往往反映在教学创意上。另外，教师所表现出来的教态、仪态和神态也是评价的参考因素。

总之，微型课是一种方便、经济实用的讲课的方式，它能比较好地体现讲课人的教学基本功，也不会影响正常的教学秩序和学生的学习。微型课不"微"，具备常规课堂教学的所有环节，讲好微型课需研透教材，提升教学设计力和教学实践力，不断修炼教学基本功，在讲课时要展示好自己的专业素养。

附：

《打电话》（人教版五年级下册）微型课课例

一、导入新课，明确内容

同学们好，今天我们一起来研究打电话中的数学问题，请看黑板（板书课题）。

二、创设情境，提出问题

1. 初步感知打电话的方法，渗透优化思想

打电话中会有什么样的数学问题呢？请看屏幕："今天上午，学校篮球队李老师打电话紧急通知3名队员（李乐、王明、李红）在下午三点到学校参加比赛。如果每分钟通知1个人，需要几分钟？怎么通知呢？"用你喜欢的方式表示出来，可以画图，也可以用文字叙述。

下面，请同学们在自己的研究单上，尝试着解决这个问题。

看来同学们已经有了自己的想法，谁愿意分享你的想法？请你分享。

她说需要3分钟，大家明白她的想法吗？好，谁有不同的想法？请你来分享。

她觉得需要2分钟，谁明白她的意思？她说李老师先给李乐打电话，需要1分钟；然后李老师给王明打，同时李乐给李红打电话，这样就需要2分钟。

同学们，刚才大家发现了两种打电话的方式，3分钟是怎么通知？2分钟又是怎么通知的？你们觉得哪种方式好？说说你的理由。

大家都觉得第二种打电话的方式可以节约时间，那为什么会节省1分钟呢？请你说。大家懂他的意思吗？请你说一说他是怎么想的？他用了一个词——"同时"，非常好。因为同时打，不空闲，才节约了1分钟。其实第二种电话的方式运用到了我们以前学过的哪种数学思想方法？对，是优化的思想方法（板书）。

2. 用示意图表示打电话的思路，进一步体会优化思想

其实，第二种打电话的方式，我们还可以用图来表示，我们用方块表示老师，用圆圈表示队员。老师第1分钟通知1名队员，第2分钟老师和接到通知的队员，再同时通知其他2名队员，所以用2分钟就可以通知完3名队员。

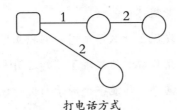

打电话方式

你是这样画的吗？可以把自己刚才画的再修改一下。老师温馨提示：为了表示得更清楚，建议同学们标上时间，用小数字来表示。

三、探索规律，感悟模型

1. 整理数据，感知规律

请同学们想一想，照这样的方式打电话，第3分钟能再通知多少人？请你说。

你认为是4人。你呢？有不同意见吗？那为什么会再通知4人？你们都觉得已经知道消息的是4人，所以第3分钟能再通知4人。谁听明白了？请你再说一说，为什么是再通知4人？

那第4分钟能再通知多少人呢？对，是8人。学习到这里，你是不是有想法了？你觉得像这样打电话，肯定有一定的规律。那到底有什么样的规律呢？请同学们拿出课前发的研究单进行研究。在整理数据之前，先看一看，要整理的内容有哪些？知道消息的总人数是什么意思呢？新通知的人数是什么意思呢？谁愿意解释给大家听？好，明白了表中项目是什么意思，请大家动手整理数据，看有什么发现。

谁愿意分享你整理的数据？你们整理的数据和她的一样吗？请仔细检查表格中的数据。

数据整理

时间（分钟）	新通知人数	知道消息总人数
1	1	2
2	2	4
3	4	8
4	8	16
5	16	32
6	32	64
…	…	…

2. 观察思考，发现一般规律

观察表中的数据，你发现了什么？请同学们独立思考。

谁来分享你的发现？请你说。他发现了"知道消息的总人数，后1分钟是前1分钟的2倍。"谁懂他的意思？你能举个例子来说一说吗？他说第4分钟，知道消息的总人数是16，而第3分钟知道消息的总人数是8，16是8的2倍。

还有别的发现吗？请你说。他发现了"后一分钟新通知的人数是前一分钟的2倍。"

又一个新发现，你们懂他的意思吗？举例说一说。

还有发现吗？他发现了同一时间内，知道消息的总人数是新通知人数的2倍。

让我们一起来观察表格中的这两列数，无论是新通知的人数，还是知道消息的总人数，都是几倍增加的？2倍2倍地增加，这在数学上叫作"倍增"。

这是个了不起的发现，还有别的发现吗？请你说。他认为新通知的人数跟前一分钟知道消息的总人数相等。这又是一个重大的发现，你能举例子来解释你的发现吗？

同学们听明白他的意思了吗？为什么会这样呢？是的，因为知道消息的人都去通知其他人了。

刚才大家发现的规律都是新通知人数、知道消息总人数之间的关系。那么，谁知道消息的总人数和时间之间又有什么样的关系呢？先独立思考，然后在小组内讨论讨论。

谁有发现？他发现了1分钟知道消息的总人数是2人；第2分钟知道消息的总人数是4人，也就是两个2相乘，即2×2；第3分钟知道消息的总人数是8，也就是$2 \times 2 \times 2$，也就是3个2相乘。那第4分钟是几个2相乘的？第5分钟呢？请同学们看看，你的发现是这样的吗？能不能用一句话来表示你们刚才发现的规律呢？他说，时间是几分钟，知道消息的总人数就是几个2相乘。

又是一个了不起的发现，这是同学们发现的第5条规律。请同学们思考，7分钟知道消息的总人数怎么算呢？你们都觉得用7个2相乘，那n分钟呢？知道消息的总人数怎么算呢？对，是n个2相乘，就是$2 \times 2 \times 2 \times \cdots \times 2$，可以写成2的n次方。

同学们，经过自主探索，你们发现了打电话中蕴含的4条数学规律。会不会还有呢？我们接着来研究。

想一想，按照上面打电话的方式，4分钟可以通知多少名队员？你认为是16人，你呢？15人。到底是几人呢？请同学们独立思考后进行讨论。请王哲分享。他认为是15人，应该不包括老师。为什么？你再说一说。他认为可以通知多少名队员，不包括老师，老师是发起通知的人，学生是接通知的人。你们听明白了吗？所以我们还要弄清一个数量，就是接到通知的总人数，接到通知的总人数是什么意思呢？对，就是不包括发起通知的人。

同学们，接到通知的总人数和知道消息的总人数之间有什么样的关系？请同学们继续认真观察你研究单上所填的数据，看有什么发现？谁愿意分享你的发现？你认为知道消息的总人数减去1就是接到通知的总人数。其他同学也是这么想的吗？用一个式子来表示：接到通知的总人数=知道消息的总人数−1。第1分钟接到通知的人数是1，第2分钟接到通知的总人数是3，第n分钟接到通知的人数是2的n次方减1。

《打电话》研究单

时间（分钟）	新通知人数	知道消息的总人数	接到通知的总人数
1	1	2	1
2	2	4	3
3	4	8	7
4	8	16	15
5	16	32	31
6	32	64	63
n	…	…	2^n-1

同学们，你们发现的规律，我们可以用方块图表示，还可以用数轴来表示，请看大屏幕。

四、运用规律，解决问题

同学们，要学以致用。下面我们就用学到的打电话的规律来解决问题。请看大屏幕上的第一个问题：根据发现的规律，按照这样的方法，6分钟能通知多少名队员？你认为是多少？你觉得是63名，其他人的答案与他一样吗？说说想法。

我们再来看第二个问题：全校50名篮球队员，还是用刚才的方法最少在几

分钟里就能通知完所有队员？（假定打电话给一个人需要1分钟）

大家都认为是6分钟，为什么不是5分钟呢？请你说。表达得真清楚。

如果需要通知120人呢？你觉得是7分钟。其他同学呢？都认为是7分钟。通知120人需要7分钟，看到这个结果，你有什么想法？你认为数学很神奇，很有魅力。

看来大家已经体会到了数学的魅力。想一想，为了使这个最优方案在现实生活中切实可行，还需要注意什么呢？画好电话通知的示意图，不错，还有吗？知道消息的都去通知，不重复、不遗漏……

在现实生活中还有很多现象都蕴含着我们今天打电话所发现的规律，你知道哪些呢？同学们找到了细胞分裂、浮萍生长、绳子对折中也蕴含着这样的规律。其实，现实生活中还有很多，请同学们课下找一找。

五、拓展延伸，激发兴趣

阿凡提的故事大家都喜欢听，下面我们一起来听一个阿凡提的故事。

有个贪财的巴依老爷，他爱欺压穷苦百姓，阿凡提知道了，找到巴依老爷，想和他做一个交易：阿凡提每天给巴依老爷40两银子，巴依老爷第一天给阿凡提1两银子，第二天给他2两银子，第三天给他4两银子，第四天给阿凡提8两银子……这样下去，相互给10天。巴依老爷听了，马上同意，请来证人，签字画押。你觉得巴依老爷在这场交易中获利了吗？

请同学们先猜猜看，谁会获利呢？（……）

空说无凭，还是让数据开口说话吧，大家在练习本上算一算。

谁愿意分享你计算的结果？

巴依老爷10天的获利：$40 \times 10 = 400$（两）。

阿凡提10天的获利：第一天1两，第二天2两，第三天4两，第四天8两，第五天16两，第六天32两，第七天64两，第八天128两，第九天256两，第十天512两。那阿凡提10天的获利：$1+2+4+8+16+32+64+128+256+512=1023$（两）

听完这个故事，你有什么想说的吗？

六、回顾反思，总结提升

回顾刚才的学习过程，你有什么体会？带着你们的收获去解决生活中更多的问题。

构建自主学习下的目标化课堂

“您所在的学校，上课出示目标吗？”“您对出示目标有什么看法？”一次，我在师院给来自不同地市的国培班学员上课时，提了这样两个问题。问题一出，立即引起了学员的共鸣，大家议论纷纷，教室顿时便热闹起来。有几个教师大声地说：“没有用，一点用都没有。”“完全是走形式。”“照抄教参书上的目标，当然没用了。”……这一番议论，引发了我的思考。

“明确的目标是一切成功的起点。”课堂亦如此。在课堂上，师生应带着目标进行教与学，共同构建目标化的课堂。目标化课堂是基于减轻学生负担考虑的，是依据数学自身的思想体系、结构体系和方法体系，以学生全面发展、终身发展和可持续发展为宗旨，把教学目标细化为具体、明确、清晰、可检测、易落实的学习目标，从而使教学过程更优化，以便更有效地培养学生的自主学习能力和更好地落实“四基”，增强“四能”，提升学生的学科素养。

一、实践反思提炼，构建目标课堂

在理念快速更新的当下，作为教师，我们应当坚持遵循教学的“常识”，无论是培养学生的实践能力、思维能力，还是培养学生的创新能力，都要通过学校的教育达成。通过一节节课堂学习目标的达成，才能实现数学课程的总目标，落实育人目标。因此，我一直努力构建自主学习下的目标化课堂，让目标引领教和学，实现目标数学。我每节课前研究教学目标，制订准确的学习目标，做到“到位而不越位”，从而恰当地把握教学的广度和深度，让学生在目标的引领下，在任务的驱动下，引发思考，学会学习，培养自主学习能力，落实学科核心素养。

129

2016年9月，《中国学生发展核心素养》研究成果正式公布以来，核心素养就成为教育界的热词，培养学生的学科素养也越来越被重视。为了落实学本理念（学生为本，学生的学习为本），培养学生的数学素养，自主学习必须成为学生主流的学习方式。自主学习本质上是一种自我调节的学习，要对学习进行自我调节，就必须有用于引导行为的参照点，而课堂学习目标就是最好的参照点。因此，目标被看成自主学习的核心构成成分。

美国课程专家布鲁姆曾说："有效的教学始于教者与学者准确地知道希望达到的目标是什么。"学生具有不同的学习目标会影响其学习任务的选择、完成任务的坚持性和付出努力的程度。目标对学生的自主学习具有导向、指导和评价作用。可当下我们的数学课堂上，目标没有充分发挥其应有的功能。有相当一部分教师课堂随意性强，目标在他们那里常常是说起来重要，做起来不要。调查发现，大部分教师只关注知识点，关注如何让学生学会知识等，至于学习目标达到什么程度，要呈现什么样的自主学习目标则模糊不清。具体体现在主、客观两方面。

（一）主观方面

主观方面主要有四种情况：

一是漠视目标。现实的课堂中，有一部分教师目标意识淡薄，根本不关注学习目标，所以备课时很少去研究目标。有教师曾坦言："上课前主要想怎么教，至于目标没多想。"这部分教师上完课甚至说不清楚课堂学习目标到底有哪些。对278名农村、城市中的小学数学教师的调查显示，此类教师占48.1%。

二是抄袭目标。有相当多的教师照搬照抄教学用书，这种盲目的抄袭只是在走形式，忽视了目标实际教学价值的取向。课堂呈现的教学目标成了摆设，没有发挥其指导自主学习应有的作用。之所以有教师认为出示目标没用，主要原因有两个。其一："应付式"。有些教师出示目标就是为了应付检查，或者说是在"外力"作用下不得已而为之。这部分教师的课堂，在上课伊始就出示学习目标或教学目标，让学生读一遍，然后整节课就不管不问了，目标成了摆设。其二："拿来主义"。这部分教师课堂出示的目标是照抄照搬教参或教案上面的，对于有些目标的内容学生甚至根本不理解。这些目标大而空，不具有检测性。

三是拔高目标。在实际的课堂教学中，一些教师对目标把握不准，存在降低目标或拔高目标的现象，但更多的是拔高目标，出现"越位现象"。其原因是对教材研究不"透"，所制订的目标超出了课时目标，因而造成了目标过高、过难，冲淡了课堂的重点，给学生造成负担。

四是改变目标。有一部分教师对课堂目标比较重视，而且为了体现"学本课堂"的理念，课堂上呈现给学生的都是学习目标。但是，呈现的那些学习目标多是以教学用书上的目标为主，这些目标针对性、引领性不强。

（二）客观方面

一直以来，教参、教案上给出的目标不细化，太笼统，不够清晰。有些目标甚至属于"万能型"的目标。例如，《用乘法两步计算解决问题》这节课是人教版三年级下册的内容，教案上给出的目标如下：

（1）使学生经历从实际生活中发现问题、提出问题、解决问题的过程，学会用两步计算的方法解决问题。

（2）学生通过合作与交流，寻求解决问题的不同方法。

（3）使学生感受数学在生活中的作用，初步形成综合运用数学知识解决问题的能力。

（4）培养学生从多角度观察问题的能力。

其中，后三个目标几乎在每一节解决问题的课中都可使用，这样的目标可以说是"万能目标"，更重要的是，这样的目标很多不具备检测性。

课堂上的学习目标是学生自主学习的"航标"，是课堂的"灵魂"，具有导向性和调控性。《布卢姆教育目标分类学》一书指出："好的教学从清晰的学习目标开始，教师可以从中选择对促进学生在学习目标上的进步有帮助的合适的教学活动和评估。"可见，清晰的目标是有效教学的必要条件，是课堂学习的根本出发点和归宿，所以制订的自主学习目标必须具体、可检测，这样才能更好地落实目标、检测目标。

2011年版数学课程标准指出，"学生是数学学习的主体，学生学习应当是一个生动活泼、主动和富有个性的过程"。认真听讲、积极思考、动手实践、自主探索、合作交流等，都是学习数学的重要方式。学生在自主探索过程中，应当有明确的目标，知识技能、数学思考、问题解决、情感态度，这些目标需要在教师的指导下，学生经过自主学习之后达成。目标实现的行为主体是学生，所以每节课设计制订的目标都应基于学生的发展，站在学生的角度。

目前，虽然教学用书给出的目标体现了课标理念，但是那些目标还是让教师看的，出发点是为教师的"教"服务。所以，为了使学生更好地自主学习，每位教师都应以学生为出发点，研究制订让学生看的自主学习目标，构建自主学习目标体系，以此培养学生自主学习的能力，实现从数学教学走向数学教育的课程建设目标。

基于以上思考，经过实践、反思、提炼，我提出了"构建自主学习下的目标化课堂"这一教学思考，并一直努力践行着。

二、践行教学思考，总结实践成果

（一）教学思考的实践

在课堂教学中，我一直努力构建目标化的数学课堂。具体从三个方面去探索实践：

（1）什么是细化目标？如何制订细化后的学习目标？

（2）如何达成自主学习目标？

（3）如何检测落实细化目标？

我通过实践探索形成了下面的目标体系：

自主学习目标体系 { 自主学习目标细化制订的方法 / 自主学习目标有效达成的策略 / 自主学习目标有效检测的策略

关于"自主学习目标细化的方法与策略研究"这个重点内容，我从以下两个方面来探索：

（1）研究学生在自主学习某个小学数学内容时，要达成的自主学习目标到底是什么。从两个角度研究：一是按课型，二是按四大领域。首先，按课型进行研究，重点选取复习课、练习课、新授课（新授课选取计算课、概念课、解决问题课）、综合实践课、评研课进行研究。研究每个课型细化制订目标的方法策略。其次，按领域研究，选取数与代数领域、图形与几何两个领域进行研究，研究每个领域、每个课型按照课标中总目标的四个方面（知识技能、数学思考、问题解决、情感态度）进行目标具体细化的方法。细化后的目标称为"四维目标"。细化时考虑的主要因素有课程标准、教材内容、学情。

（2）研究具体的目标如何去陈述。借鉴马杰的行为目标理论和ABCD目标陈述法，研究细化后的自主学习目标陈述的方法。

通过两年多的实践探索，我总结的"细化教学目标"的定义为：所谓细化教学目标就是把一节课的所有知识点、能力点、思想方法所要达到的要求站在学生的角度，以学生的口吻简明扼要地叙述出来，呈现给学生。当自主学习目标细化后，围绕学习目标设计一一对应的自学提示，学生根据自学提示进行自学，汇报交流，点拨提升，完成任务，达成学习目标。在落实自主学习目标后，教师围绕自主学习目标设计检测内容，对学生达标情况进行检测。学生的课堂自主学习活动都是围绕学习目标而进行的。

在多年构建自主学习下的目标化课堂的探索中，我重点探索了细化目标，发现了细化目标的好处为"一个防止、两个促进"。

"一个防止"就是防止遗漏知识点。要想做到细化教学目标，就必须找到每节课的所有知识点，这就要求教师认真研究教材，才能把所有知识点准确地找出来。例如，《式与方程》这节课是人教版六年级下册教材84~85页内容。这节课教参上的目标是：①比较系统地掌握有关方程的基础知识，会解学过的方程，并能用方程解决生活中的简单问题。②体会方程中的应用价值，从中获得价值体验。③培养学生的归纳能力、比较能力、分析能力和解决问题的能力，让学生掌握一些整理知识的方法。教参上给出的这三个目中标两个属情感目标、素养目标，这样的目标不具有检测性。我细化后的学习目标是：

（1）会用字母表示数量关系、运算定律、计算公式和计算法则。

（2）能根据字母所取数值计算出含有字母的式子值。

（3）能说出什么是方程、方程的解、解方程。

（4）能熟练地解简易方程。

（5）会用方程解决实际问题。

（6）能熟练区分式、等式和方程。至于素养目标、情感目标，它们贯穿于知识的学习过程中，所以也可不必呈现出来。

通过比较可以看出，细化后的目标涵盖了这节课的所有知识点。这是一节容量比较大的复习课，知识点多，如果做到了细化目标也就不会遗漏知识点，同时，备课老师在细化目标的过程中，也厘清了自己的教学思路。

"两个促进"包括两个方面：

一是细化目标促进教师研究教材。要想细化目标必须做到"四读"：研读教材、读通教材、读懂教材、读透教材。唯有如此才能做到目标细化。例如，《分数的初步认识》是人教版三年级上册教材第91~93页的内容。教参、教案上给出的目标有三个：①认识几分之一。②会读写几分之一。③能比较分子是1的分数的大小。这三个目标也是本节的三个知识点，很多教师都会认为这部分内容很容易，就按照教参上给出的目标教学，结果大出所料，学生在做练习题时错误率非常高，主要错在比较分数的大小。我通过研究，根据学情及本部分知识的特点，在对这部分内容整合的基础上，把本节课原来的三个教学目标细化为六个：①联系实物，通过观察、动手再次认识平均分的含义，并认识二分之一、四分之一等几分之一的分数。②能规范地读写几分之一的分数。③会用不同的方法折出正方形纸的四分之一。④知道分数各部分的名称。⑤能用自己的话说出分子、分母的含义。⑥会比较分子是1的两个分数的大小，并能说出理由。细化后的六个目标不仅具体，而且具有可检测性，便于对课堂达标情况的检测。因为"平均分"的含义学生已有所遗忘，但它却是认识几分之一的基础，所以，我在目标①中加入了"再次认识平均分"，同时对教材进行了整合，把理解分子分母的含义提到了这节课，目的是为学习比较分数大小打基础。学生之所以在比较分数的大小中出错，主要是因为对分数的意义理解不透，还没有真正理解分子、分母的含义。细化后的目标不但具体，而且针对性强，降低了错误率，提高了课堂教学的效率。

二是细化目标促进教师思考如何教。细化目标的过程也是教师思考如何教的过程。目标细化出来的同时，教学思路就明晰了。例如，《24时计时法》是人教版三年级下册52页的内容，这节课可谓有"三多"：内容多、新知识点多、概念多。很多教师一节课不能完成教学任务，并且常常是教师教得累，学生也学得非常辛苦，教学效果还不好。经过研究后，我把本节课的目标细化为：①能说出什么叫24时计时法。②会辨别普通计时法。③能识别24时计时法。④能熟练地把普通计时法转换成24时计时法。⑤会把24时计时法转换成普通计时法。在细化目标的同时，我厘清了教的思路、学的方式。为了更好地落实上述的目标，我采用了——对应的方法设计了如下的自学指导。

自学课本52、53页内容并思考：

1. 什么叫24时计时法？

2. 钟面内圈的数表示什么？外圈的数表示什么？它们有什么关系？

3. 上午9时、下午4时、晚上10时等是什么计时法？9时、16时、22时等又是什么计时法？

4. 普通计时法在写的时候应该注意什么？

5. 普通计时法和24时计时法如何转化？

6. 普通计时法时刻要（　）才能变成24时计时法。24时计时法时刻要（　）才能变成普通计时法。

在学生自主思考、小组交流讨论后，我让学生分享自学指导问题。在不断补充完善过程中，学生解决了自学指导中的所有问题，这些问题也是本节课学生应该掌握的知识点。整节课我教得轻松，学生学得兴趣盎然。对于本节课的所有知识点，学生都在解决问题的过程中掌握了，教学效果非常好。

（二）教学思考实践成果

1. 教学行为和学习行为发生改变

教师在细化教学目标的同时，可促进自己对教材做深度的研究，对教材进行再加工，提高驾驭教材、处理教材的能力，从而提高课堂效率、提升教学质量。细化目标，不仅促使教师改进了教学行为，更主要的是改进了课堂模式。在目标化的课堂上，学生展示的机会多了，已不再出现只有教师讲、学生被动听的现象了。每节课伊始，教师出示细化后的目标，学生就会根据自学指导进行自学，自学后进行小组交流展示。在这种"学本课堂"中，学生的学习行为发生了很大的变化，敢于发表见解，敢于质疑，敢于接受挑战，学会了自评，学会了倾听，学会了客观、公正地评价他人，还学会了反思。课结束时，在回标环节，很多学生都能对照学习目标进行有效的反思。显著的教学成绩是教学主张下的"副产品"，学生学科素养的提升是教学主张下的最终目标。

2.物化成果

在课堂教学实践中，我总结、反思，慎思笃行，写下了多篇思考，其中体现教学主张的相关论文《不要让目标成为"摆设"》《细化教学目标提高课堂效率》《自主学习主动建构》等在刊物上发表，相关的著作也已出版。另外，我和工作室两位成员一起编写了11万多字的《小学数学目标细化与自学指导设计》成果集，内容涵盖人教版1~6年级12册全部小学数学教材。

3.成果的推广应用

体现我的教学主张的"细化小学数学教学目标研究成果"在师范学院国培班、外地市教师培训、进修学校教师培训上进行交流，使参培教师深受启发，获得了较高赞誉，现已在教学共同体、托管学校、城乡一体化学校推广使用，促进了教师深入研究教材，提高了课堂教学效率。

三、关于目标化课堂实践的思考

（一）关于对课堂教学目标和目标体系的思考

目标具有的特征是主观性、方向性、现实性、社会性、实践性。它的作用表现在五个方面：指明方向、激励作用、凝聚作用、决策标准和考核依据。目标具有为实践活动指明方向的作用，只有通过实践活动才能实现目标。数学学科有其总体目标、学段目标、级段和学期目标，有板块、单元和课堂目标。课堂目标不明晰，学习目标不明确，怎么能实现这些目标？

体系指由若干有关事物或某些意识相互联系的系统而构成的一个有特定功能的有机整体。细化目标、落实目标、检测目标，应是一个完整的课堂目标体系，这样更利于有效地培养学生的自主学习能力，更好地落实"四基"，增强"四能"，培养学生必备的数学品格。

有效的教学始于教师与学生准确地知道自己希望达成的目标是什么。由此可见，教学目标是课堂教学的核心，是课堂教学的根本出发点和归宿。它在课堂教学中具有激励、导向、评价功能。

（二）自主学习目标体系下的课堂与流行的微课和翻转课堂

微课是一种新型的教学资源，它的实质是自主学习和根据自己的需要有重点地反复学习。它的载体必须是电脑、智能手机和机动而充足的时间，这里的载体本身又是局限的，因为并非所有的学生都有此类媒体，也并非所有的学生都拥有那么多的自主时间。翻转课堂让学生学习更加灵活、主动，让学生参与度更强。它可以是看视频，可以是听播客，也可以是阅读电子书，还可以是通过网络与他人交流，它也强调自主，但其实质是洋思"先学后教"和杜郎口"预习—展示—反馈"的更新与改进。微课和翻转课堂这两者都不能缺了目标化，因为没有目标化，要么学习是盲目的，要么学习是低效的。此外，翻转课堂并不适合大班额的教学，除了受体制约束外，它也不便于目标的落实与检测。虽然两种模式也不会不考虑目标，但也只不过是一般地考虑，这就是构建自主学习下的目标化课堂所要真正解决的问题。

（三）关于对细化教学目标的思考

安德森等在《布卢姆教育目标分类学》中认为，"目标越具体，与之对应的测评越容易进行"。在研究课堂教学目标时，我把课堂教学目标变成具体、明确、清晰、可检测的学习目标。细化后的目标以学习目标形式呈现，我通过细化目标，把课标和教学目标变成学生自主学习的目标和自主检测的目标，让学生明白课堂要"学什么""怎么学"，体现"生本"的理念，以更有效地促进学生的学，提高课堂教学效率。

课堂的探索永远在路上，从"为理解而教"到"构建自主学习下的目标化课堂"再到现在的"突出数学本质，发展学生思维"，教学思考、教学研究从未停止过。教学主张的完善永远在路上，我将一如既往地践行，做到为思维而教，为理解而教，构建目标化的课堂，实现目标数学，促进学生发展，提升学生的数学素养。

第四辑

探寻教育深度，做智慧教师

——教师课题

走进教科研，中小学教师如何做课题

2016 年的10月份，我在一个国培班上课，正式交流主题前，先进行了一个小调查。调查发现，50多人的班里主持过课题的仅有3人，大部分教师有课题，但也仅仅是参与者的身份。主持过省级以上课题的教师仅有1人。调查后，我让教师谈谈做课题的感受，教师们提出了各种各样的困惑："不知道课题怎么做。""不知道怎么选择课题。""不会撰写课题报告。""过程性资料怎么收集？"……

看来，大家还是觉得做课题有困难。确实，在日常的工作中，一线的很多教师都有这样的困惑——到底怎样进行课题研究？有的教师甚至做了几个课题，对怎样做课题仍然感到茫然。下面，我们就一起从六个方面探讨如何进行课题研究：一是教师进行课题研究的意义与现状，二是选择课题的途径与原则，三是填写申评书的方法技巧，四是扎实进行开题论证，五是过程性资料的收集整理，六是做好结题工作。

一、进行课题研究的意义与现状

苏联教育家苏霍姆林斯基说："凡是感到自己是一个研究者的教师，则最有可能变成教育工作的能手。"开展课题研究是扎实推进教育教学改革的一项重要举措，它对于促进教师专业化成长，优化学校管理，引领学校可持续发展具有示范性、指导性和实用性意义。课题研究也是教学质量提高、教师专业发展、名校特色创建的助推器。

（一）一线教师开展课题研究的意义

1. 课题研究能增强文化底蕴，丰富教育智慧

特级教师李镇西在一次会议上，举了一个这样的例子：

两个大学毕业生分到学校当教师，同样兢兢业业地上班，三年后，其中一位教师无甚进步，最多就是所教学生考上了高一级学校，而另一位教师却硕果累累。这是什么原因呢？原因就在于，前者每一天的兢兢业业都是盲目而麻木地工作，他表面上工作了三年，其实只工作了一天，因为他每天都在重复昨天的故事；后者的的确确工作了三年，他每一天都带着思考的大脑在工作，这就是反思型教师。所谓反思，在我的语境里，不仅仅是"想"，而且是一种教育状态，就是不断调整、改进、提升自己教育品质的行为，这一过程就包含了研究。

对于我们一线教师来说，教研本为一体，"教"基于"研"才更科学，"研"源于"教"才有活力，善教者必是善研者，善研者也必是善教者。苏霍姆林斯基也曾说过："如果你想让教师的劳动能够带给教师一些乐趣，使天天上课不致变成一种单调乏味的义务，你就应当引导每一位教师走上从事一些研究的这条幸福的道路上来。"由此可以看出，研究的意义重大，教师的成长需要深入思考、不断研究，而研究需要以课题为支撑。

课题研究是为了解决教育教学中的实际问题，当课题确定以后，会增强研究教师的学习动力，研究的教师要不断学习、深入思考研究的问题，改变工作的态度，促进对专业的理性思考，不断提高观察问题的能力，提高反思教育教学的能力，不断丰富教育智慧，最终提高教育质量。

2. 课题研究能引领专业发展，提升实践能力

孔子曰："学而不思则罔，思而不学则殆。"课题研究是个人成长发展的需要。课题研究是一个比较复杂的过程。教师在研究的过程中，需要钻研教育理论，需要搜集与分析相关的资料，需要对自己以往的教学工作经验进行回顾梳理，需要对教育对象进行观察、思考，还需要做出一些分析评估，等等。这个过程是教师自我发展、专业不断提升的过程。

例如，我们学校有一位教师，不经意就走上了教育科研的道路。在一次外出学习，听了一位特级教师的课后，她就开始下决心改变自己的课堂教学方

式，把新知学习前置。她选择从"学习单"的制作开始研究，探索、完善高质量的学习单制作模式，并取得了成效。同时，她研究在前置学习中如何发挥小组的作用，让每一个学生都能参与到学习中。她准备了两个笔记本，一本用来贴小组讨论提出的好问题，另一本用来记录每天小组的建设及自己的研究心得。就这样，边实验边总结，她的课堂教学越来越"活"，其课堂驾驭能力也越来越强。后来，她的研究范围又逐步扩大到学习目标的制订、班级管理、作业设计等。她先后申报的三个相关课题都结了题，研究成果在课堂被使用并不断地完善。身边的教师也开始借鉴她的方法。同时，在研究的过程中，她发表了一系列文章，总结了学习小组建设的经验在国培班分享交流。她也因此成为"省最具成长力教师"、省优质课一等奖获得者、区域教育科研带头人。可见，一旦进入课题的研究状态，长期深入研究下去，就会不断取得成果，进而形成自己关于某些教育问题的系统的观点。

3. 课题研究可以解决教学实践中的问题

课题从哪儿来？我们中小学教师选择的课题一定是来自教育教学实践，从教师对教育教学的思考中得出。把遇到的问题当作课题去研究，就说明了问题具有一定的代表性，具有一定的研究价值，它能解决我们教学中亟待解决的问题。我们通过研究，可以更好地提升教育教学质量。

4. 课题研究促进教育教学质量的提高

随着互联网的发展，人工智能时代的到来冲击着我们的教育观念、教育结构，那种单靠"苦教、苦学、苦练"的教学方式已经行不通了。如果我们还墨守成规的话，就会阻碍学生的发展。因此，我们必须转变教育教学观念，注重培养学生的创新精神和实践能力，向教育科研要质量、要效益。

教育科研是教育教学的第一生产力，只有科研才能使我们坚实地走在教育之路上。当前，越来越多的学校明确提出了"向教育科研要质量"，要求教师结合自己的教育教学工作开展专题研究，在研究的同时总结好的做法、好的经验，改进教学。作为教育工作者，仅仅系统地掌握基本的教育理论和教学技巧是不够的，必须对教育科研有更多的了解，掌握一些教育科研的基本理论和方法。我们通过课题研究不断探索教育教学中的问题，不断积累好做法，改革创新工作思路，把有价值的教育实践成果推广应用，提升教育教学质量。

总之，研究始于学习，创新离不开积累。经常性的课题研究和长期的学习积累会使研究者对教育教学问题不断深入思考，从而不断提升其专业理论水平，逐渐成为引领者。

（二）一线教师开展课题研究的现状

现状之一：不会选择课题，把课题研究"神秘化"。许多一线教师虽然经常处于教学的现场，在教学中也会遇到很多问题，却不知道怎样寻找需要研究的问题，不能提炼出课题。这与平时的阅读积累有关，也与对问题思考的程度有关，对问题思考得越深，就会觉得要研究的问题越多。

现状之二：研究方案的设计能力弱。有研究表明，研究课题申请书，教师会写的占25%，不太清楚的占34.6%，不会写的占13.4%。很多教师的课题立项申请书内容空洞，有些甚至是东拼西凑，文不对题，还有教师直接把将要研究的成果呈现出来。

现状之三：不会写文献综述。一项调查显示：42.3%的教师不会写文献综述。81.2%的教师坦言，没有掌握搜集研究文献的方法。甚至有教师说："提到文献综述，我就觉得很遥远，不知道怎么进行文献综述。"

现状之四：数据收集与分析能力欠佳。一项调查发现，已经掌握怎样收集有效研究数据的教师占21.2%，不知道的占41.5%。已经掌握怎样分析研究数据的教师占15.4%，没掌握的占45.3%。以上数据显示，一线教师的数据收集分析能力欠佳。

现状之五：开展教育教学研究困难。在调查中，有57.9%的教师认为进行教育教学研究有困难，只有1.9%的教师认为研究不存在困难。苏霍姆林斯基在《给教师的一百条建议》中指出："研究工作对教师来说，并不是什么神秘莫测和高不可攀的东西。不要一提研究就感到害怕。"

现状之六：对研究报告的撰写感觉困难。在调查中，有26.9%的教师了解撰写研究报告的格式，基本能做到规范，但也有42.3%的教师不了解研究报告的撰写格式。由此可见，现实中不了解研究报告撰写格式和规范的教师更多，中小学教师科研素养有待提高。正像有人所说：我们中小学教师教学研究能力"先天不良，后天不足"，教育教学研究能力相对欠缺。

二、选择课题的途径与原则

对于课题研究，选题是非常关键的一步，好的课题加上扎实的研究过程，就会有高质量的成果。例如，《构建教师、学生、家长三位一体读书机制的实践研究》这一课题是2006年立项的，这一课题是研究读书的，所以符合"小"的特点，与教学工作紧密相连，便于操作，便于搜集过程性材料。读书与教学生活紧密相连，所以"实"。同时，这个课题把家长与教师、学生读书放一起研究，研究构建"三位一体"的读书机制，这些就符合了"新和深"。正因为反复酝酿、讨论，所定的这一课题比较大气又有新意，其先后荣获省级成果一等奖、教育部成果三等奖等。

"课题是做出来的，不是写出来的。"我们提倡常态化的科研状态，科研工作化，工作科研化。我们倡导在实际工作中选题，为解决工作中遇到的实际问题而研究，所选课题要小而实。一般课题题目要包括三部分内容：研究对象、研究内容和研究方法。课题题目都是陈述句，要通顺、简明，最好不要超过20个字。课题题目的最后两个字是"研究"，在研究之前可以加上"调查""实践""策略""行动"等词语。

（一）选题的途径

教育科研课题产生于教育问题，教育问题可分为两类：一类是教育实践中的问题，另一类是教育理论方面的问题。我们中小学教师一般都是选择教育实践中的问题进行研究，可以从以下途径进行选题。

1. 从感兴趣的问题中选课题

在教学实践中，虽然同处教学现场，但不同的教师所关注的、感兴趣的问题会不同。有的教师关注课堂教学方式的优化，有的教师关注班级文化的建设、学生管理，有的教师则关注学生学习能力的提升……我们可以从这些自己感兴趣的问题中选择课题，因为感兴趣，也就有了做好的基础。

例如，有学生学习积极性不高，上课听讲不认真，这是很多教师都会碰到的问题，如果教师感兴趣，想解决这个问题，就可以选择"激发学生学习积极性"的相关课题去研究。我们应该从"教"与"学"两个方面去分析："教"的方面，教师在教学方式方法上是否存在问题？是否存在教学素材选择不当、不了解学情等问题。"学"的方面，是否做到了"学为中心"？是否了解学生的情况？教师把学生学习积极性不高的原因查找到位，然后找解决问题的方案和途径。

再如，从2012年开始，我对"构建自主学习下的目标化课堂"有了兴趣，就在教学中边实践边思考、研究，先后做了《细化小学数学教学目标研究》《小学数学自主学习目标体系建构研究》两个省级课题，并且发表了相关的多篇论文。由于选择的是自己感兴趣的、与自己教学工作紧密相连的课题，我是真正在"做"课题，收集过程资料、提炼研究成果都不觉得困难。只要做自己感兴趣的、在工作中实践的课题，都是"真研究"，会取得真成果。

2. 从突出的现实问题中选课题

在工作中，我们会遇到很多问题，但一些突出的问题必然会引起我们的关注。研究解决这些问题有利于促进学生成长，有利于改善教学行为，促进教学质量的提升。比如，小学高年级厌学的学生较低年级多，这个问题的现状如何？产生这种现象的原因有哪些？这一年龄段学生的生理、心理有哪些特点？学校的教学内容、教学方法、考试方法与学生厌学有没有关系？如何帮助学生克服厌学情绪？等等。这些问题既可以分别进行研究，又可以进行综合研究。类似的问题还可举出很多，如小学生学业负担过重的问题，一部分中、低年级学生不会听课的问题，核心素养如何在课堂上落实的问题，学校与家庭教育的配合、协调、一致的问题，留守儿童教育的问题，等等。这些问题在教育工作中经常遇到，普遍存在，与提高教育质量关系密切，我们从这些突出的现实问题中选择课题进行研究有一定的现实意义。

3. 从课堂教学的问题中提炼课题

《基础教育课程改革纲要（试行）》明确指出：要全面深化教学改革，全面推进素质教育，提升教师的教科研能力。深化实施课程改革的主渠道是课堂教学，而如何使自己的课堂教学优质高效，需要我们一线教师深入思考、研究。在教学设计与教学实施之间总是存在一定的差距，为什么完不成教学任务？为什么教学效果没有自己预设的那么好？我们怎样预防与应对？课堂教学中会有许多值得推广的经验，也会存在这样、那样的不足之处，我们如何总结、继承好的做法？改进不足，怎么改进？这些都是需要研究的问题，也是课题研究的关键对象。课堂教学中的问题，是最贴近教师日常工作的问题，也是最值得教师关注、最有价值的问题。课堂是教育的主阵地，我们把课堂教学中遇到的突出问题转化为课题研究，努力成为研究课堂教学的高手、课堂教学的高手。

4. 从已有的经验中提炼课题

有的教师善于做学困生的工作；有的教师善于培养学生的写作兴趣，提高学生的写作能力；有的教师善于阅读教学，提高学生阅读能力；有的教师善于运用数学题的多种解法，训练学生的思维能力；有的教师从不训斥孩子，但班级纪律一直很好……这些都可以形成研究课题，进行经验总结，探讨其中的规律，或设计教育实验，检验某种做法与提高教育效果之间有无必然联系，等等。

（二）选题的原则

我们中小学教师做得最多的课题是关于教学方面的。那么，我们在选题时应当遵循什么样的原则？首先，所选课题必须有价值。科研是为教学服务的，我们要通过研究课题促进教学。其次，所选课题必须有现实意义。中小学教师的工作本来就繁忙烦琐，每种行为都应当有意义，所以做课题一定是为了解决教育教学问题，是促进教与学行为的改进，这样的课题才值得研究，研究成果才有价值、有意义。除此之外，我们在选择课题时还要有以下几种意识：

第一，问题的意识。选题时要思考所选的课题到底想要解决教学中面临的具体的实实在在的问题还是疑难问题，或者是困惑性的问题，或者是一些大家都要思考的热点问题，研究怎样解决。

第二，学生意识。既然是教育教学研究，我们一定要注意所有的研究最终的目的是什么。最后的落脚点是发展我们的学生。做教育教学研究，心中一定要想着学生，最后的目标要落实到对学生的学习行为改变和学科素养提高产生积极的作用和效果。

第三，学科意识。我们尽量选择与本学科相关的课题进行研究，一是熟悉学科内容，研究起来不困难；二是通过研究，我们对自己所教学科有更深的理解，更利于发展学生，利于我们用学科育人。

第四，创新意识。爱因斯坦说，创造一种新理论不像推倒一个旧棚子，在原址建立起一幢摩天大厦，而是如同爬一座山，获得新的、更广阔的视野，发现我们的起点与它周围环境之间预想不到的关联。选定的研究问题应是他人未曾解决或尚未完全解决的问题，研究应有所创新、有新意、有时代感。

尽量做到选题新颖，要通过广泛深入地查阅文献资料和调查，搞清所要研究课题在当前国内外已达到的水平和已取得的成果，要了解是否有人已经或者正在或者将要研究类似的问题。如果要选择同一问题作为研究课题，就要对已有工作进行认真审视，从理论本身的完备性、研究方法的科学性进行评判性分析，在此基础上，重新确定自己研究的着眼点。只有在原有研究成果基础上的突破和创新，才具有研究的意义，才能防止低水平的重复研究。

三、填写立项申请评审书的技巧

（一）组建课题组

选好课题后，就要填写立项申请评审书（简称申评书）。填写申评书前，首先要组建课题组，课题组结构要合理，能老中青结合更好。可邀请有一定科研素养、课题研究经验的骨干教师参与，为顺利完成课题的研究奠定基础。作为课题的主持人，要具备较强的科研能力和协调能力，省级课题要求是中高以上职称的人员才能担任主持人。参与课题的人员数量，一般市级课题为4人，省级课题为6人。

（二）申评书的填写

申评书一般包括以下主要内容：问题的提出（课题的提出、选题背景等）、核心概念的界定、研究现状综述、选题的意义、课题研究的主要目标、研究内容和研究方法、课题研究的实施步骤、课题研究的可行性分析等。

1.问题的提出

李冲锋博士曾在他的著作《教师如何做课题》中指出："要从三个方面来回答这一问题：即时代背景、理论背景和实践背景。"时代背景就是要阐述本课题是适应时代新变化、解决出现的新问题、满足新要求的一种途径。理论背景是指影响本课题选择的理论因素，课题研究是对理论的使用、检验、推动与发展。实践背景是指课题组成员在教育教学中遇到的实际问题与困惑，主要阐释实践中需要解决的问题等对实践发展的影响，以及解决它们的必要性、重要性和迫切性。对我们中小学教师来说，时代背景、理论背景这些宏观背景可以不写，但实践背景属于微观背景，必须阐述清楚。

2.核心概念的界定

核心概念是能够集中反应课题研究主题或主要内容的概念。核心概念一般来自题目，也可以从研究内容中提炼出来。例如，《科研导向下的名师成长研究》，这个课题的核心概念是什么？从题目上看，是"科研""教育科研""名师"，从研究内容上提炼还可以有"专业成长"。核心概念界定简单地说，就是给概念划定界限。

为什么要界定核心概念呢？界定核心概念可以明确研究的方向、界定研究的范围，也可防止引起歧义。例如，《突出数学本质发展学生思维的实践研究》，首先，要界定的概念是"数学本质"。如果不界定"数学本质"，甲认为其是指数学课程的本质，乙认为其是指数学知识的本质，这样就容易引起歧义。其次，要界定的概念是"思维"。"思维"指涉及所有的认知或智力活动，可分为逆向思维、抽象思维、形象思维、创造思维、直觉思维等。甲谈的是抽象思维，乙指所有可能的思维，如果不界定就不清楚到底指什么思维。

那么，如何界定核心概念呢？界定核心概念的方法是对概念进行整体界定，介绍概念的一般义和特指义。一般义指辞典、字典、辞海等里面对概念的常规解释，也可以是其他研究者的界定。特指义指在本课题中它所表达的含义。例如，在《细化小学数学教学目标的研究》中要确定教学目标这一概念。教学目标一般义指关于教学使学生发生何种变化的明确表述，是指在教学活动中所期待的学生学习结果。这些目标可分为三个层次：一是课程目标；二是课堂教学目标；三是教育成长目标，这是教学的最终目标。本课题的研究目标是课堂教学目标。我们要用通俗易懂的语言解释、说明清楚。

3.研究现状综述

研究现状综述也是文献综述，是对本课题相关的历史研究情况进行整理分析，包括国内和国外的研究情况。研究现状综述非常重要，但常常不被我们一线教师所重视。在课题论证时，这部分内容写得较少。要想写好研究现状综述，需要查阅大量的文献资料，查阅的途径一般是中国知网、万方、维普等网站，也可以查询相关的杂志、著作，获取相关的资料。尽量做到把相关研究的文献全查完，特别是相关的比较著名的研究文献一定要查，直到达到饱和为止，从而把握最基本、最全面的材料。查阅完文献怎么写呢？简单地说就是"述而评之"，即对查阅到的文献进行梳理，对已有的研究进行深入分析，了解别人做了哪些研究，有了哪些研究成果。把已有研究成果的观点分类写出来，并进行分析评判，以此明确自己课题研究的方向。一般的表述方式是：作者、文章、观点，再在后面提出自己的观点，并论证自己的观点。

4. 选题的意义

选题的意义一般包括两个方面：一是理论意义，二是实践意义。理论意义是课题研究对该领域研究在学理上的积极影响，对理论发展的推动、创新等，常用的格式如探索出……挖掘出了……丰富了……创造了……；实践意义是指课题研究对实践状态的积极影响，包括对实践的改进、推动、启示等，如培养了……改进了……提高了……

例如，《科研导向下的名师成长研究》这一课题的理论意义是丰富名师培育理论。本课题旨在从中原名师、省市名师的个性及共性特质、成长规律、培育策略等维度构建名师成长分析的理论框架，运用"成长"工具查看名师培育工程中，教育科研对中原名师、其他名师成长的影响，总结提炼科研导向下，培育名师、促其成长的策略，为其他名师培育提供分析框架与理论工具。该课题的实践意义是通过本课题的研究，对名师培育实践产生积极影响，以促进培育工作的优化、改进、推动。研究科研下名师成长，回应国家、河南教育发展对名师的需求，落实河南省"中原名师培育工程"的实施意见，完善中原名师培育方案对如何在科研导向下，培养中原名师、省市名师有指导意义，同时，探索研究科研导向下名师成长的新模式，优化省级名师、省级骨干教师的成长路径，构建教师发展共同体，助力全省教师队伍梯队攀升体系的建设。

5. 研究目标

课题研究预期要达到的效果，研究目标就要具体、适度、清晰。研究目标就是课题研究方向。例如，《小学数学自主学习目标体系建构研究》的研究目标：①课题将立足于新课标对小学数学教学实施的影响，通过理论分析与行动研究相结合的方法，研究出细化自主学习目标的方法策略以及自主学习目标落实、自主学习目标检测的策略，构建自主学习目标体系。②探索自主学习目标体系下的课堂教学模式，为课堂改革进一步推进和教学质量的提高提供科学合理的依据。

6. 研究内容

研究内容主要是回答做什么的问题，研究内容要根据研究目标确定，与研究目标相对应。研究内容写的方法是把每条内容写出来，并做简明扼要的介绍，还应注意，研究内容间尽量是递进的关系。很多时候，研究内容与研究目标混淆。目标是得到什么，内容就是做什么。

例如，《小学数学自主学习目标体系建构研究》的研究内容为：

（1）小学数学课堂自主学习目标应用的现状调查分析。

（2）自主学习目标细化的方法与策略研究。

（3）自主学习目标有效达成的策略研究。

（4）自主学习目标有效检测的方法研究。

关于自主学习目标细化的方法与策略研究这个重点内容我们课题组将从两个方面来研究：

（1）研究学生在自主学习某个数学内容时，要达成的自主学习目标到底是什么。从两个角度研究：一是四大领域，二是按课型。研究每个领域、每个课型按照课标中总目标的四个方面进行目标具体细化的方法，细化后的目标为"四维目标"。

（2）研究具体的目标如何去陈述。当自主学习目标细化后，就可以围绕目标设计活动，完成任务，达成目标，进而检测目标。

7. 研究假设

什么是研究假设？是在选定课题后，研究者根据事实和已有资料对研究课题设想出的一种或几种可能的答案、结论，是对研究结果的预测。做课题就是为了验证这些假设。研究假设在一定程度上确定了研究可能的路径、可能的结果等。例如，《科研导向下的名师成长研究》的研究假设是科研促进了名师成长，科研的是名师的成长的有效途径。

8. 拟创新点

创新是课题研究的重要价值。课题的创新主要表现在发展创新、开拓创新、认识创新、手段创新。一项研究的创新，不可能太多，写上一两点即可。

9. 研究思路

研究思路是课题申报者对研究的整体规划，也就是写清楚这项研究打算怎么做。研究思路要明确清晰，有条理性。格式为：首先……，其次……，再次……，最后……。

例如，《小学数学自主学习目标体系建构研究》的研究思路可以这么写：本课题采用文献分析、实践调查、行动研究相结合的研究思路。为了探索出小学数学课堂自主学习目标的细化、制订、落实、检测的方法策略，本课题研究首先采用文献分析与实践调查相结合的思维路径，具体来说，就是对小学数学课堂自主学习、教学目标研究已有的文献进行理论分析，同时对一线教学实践进行实地调查研究。在分析调查的基础上，本课题对已有自主学习、课堂教学目标的制订方法、落实的方法等内容进行综合概括，全面把握小学数学课堂自主学习、教学目标研究的现状。其次，本课题采用行动研究法进行研究，在实证研究的基础上总结提炼有效的细化自主学习目标、落实目标、检测目标的方法，促进课堂效率的提高，最终促进教学质量的提高。为确保建构的目标体系的科学性和合理性，我们将在研究过程中，多向聘请的专家请教、咨询。同时，我们将扩大实验范围，进一步完善、提炼成果。

10. 技术路线

技术路线是对要达到的研究目标准备采取的技术手段、具体步骤及解决关键性问题的方法等在内的研究途径。例如，先确定研究目标、提出研究假设，然后展开问卷调查、师生访谈、专家访谈等调查研究，同时进行文献分析，得出结论，提出研究建议，等等。

11. 研究的方法

中小学教师做课题常用的方法是文献资料法（文献研究法）、调查研究法（观察法、访谈法和问卷法）、行动研究法、个案研究法（案例研究法）等。一个课题的研究方法不可多，两三种即可。每种研究方法都要在研究过程中有体现，要切实用到，而不是将其当作一种摆设。研究方法不可泛泛而谈，也不能简单地堆砌，每一种方法如何使用，要结合课题内容阐述清楚。

12. 研究步骤

研究步骤一般分为三个阶段：一是准备阶段，二是实施阶段，三是总结阶段。准备阶段主要是课题选择、查阅资料、组建课题组、人员分工等。实施阶段就是要展开课题研究，要围绕课题研究目标进行。总结阶段，主要是进行成果的整理、撰写结题报告、准备结题。

13. 课题研究的可行性分析

课题研究的可行性分析包括主要研究者的研究经验、完成课题研究的保障条件等。主要参与者的研究经验主要指其主持参与的相关课题研究、论文、著作等成果。完成课题研究的保障条件主要指资料保障、物质保障、经费保障、时间保障、管理保障等。

（三）课题的活页论证

课题论证的内容一般包括课题研究的目的、意义，课题研究的主要内容，课题研究的背景和国内外文献综述，预计有哪些突破，以及完成本课题研究的条件分析，等等。对于这几方面内容应当进行客观性、科学性、可行性论证。

具体内容如下：

（1）本课题核心概念的界定，国内外研究历史与现状评述，选题意义和研究价值。

（2）本课题研究目标、研究内容、研究假设和拟创新点。

进行课题论证，分析研究背景时还要回答这样一些问题：①本课题是针对教育实践和教育理论中哪些迫切需要解决的问题提出的？②前人是否进行过同类或相关课题的研究？取得了哪些成果？③本课题和别人已经或正在进行研究的课题在研究的依据、目标、范围、对象、方法等方面有什么不同？④别人的哪些理论、观点、方法、手段可以为本课题所继承、借鉴、批判？⑤课题研究范围的界定。

四、扎实进行开题论证

课题立项后，就要进入正式的研究阶段，首先就是要召开课题开题论证会，撰写开题报告。这是课题研究非常重要的一个环节。开论证会的目的是鉴别课题研究的价值，分析研究的条件，促进研究方案的完善，保证课题研究工作的顺利进行，提高研究的质量。

开题论证前课题主持人要撰写开题报告。那么，如何撰写开题报告呢？开题报告一般应具体阐述以下具体内容：

（1）问题提出（选题目的）。

（2）课题的研究价值（理论意义、实践意义）。

（3）核心概念界定。

（4）国内外相关文献综述。

（5）课题研究目标。

（6）课题研究内容。

（7）研究的重难点、创新点。

（8）研究方法。

（9）课题研究条件与保障。

（10）课题组成员分工。

（11）研究进度安排与阶段性成果。

（12）预期成果。

以上课题开题报告的内容之间有内在的联系，不建议颠倒顺序，但我们在撰写报告时，可根据我们的课题研究的实际情况，省略其中一部分内容，如研究的重难点和创新点、课题研究条件与保障等。

开题论证会一般包括以下流程：

（1）介绍出席会议人员。参加论证的专家一般需要3人以上。

（2）课题组做开题论证。课题主持人或课题组成员代表向专家组汇报开题报告的主要内容。

（3）专家评议。专家组对课题做出评价、提出问题。

（4）论证会相关资料的收集。课题组主持人和成员要认真听取专家和与会人员的意见和建议，做好记录，也可以用多媒体设备进行录音和录像。课题组要有比较强的材料收集意识，收集课题研究相关的资料。开题论证会后，课题组应该召开讨论会，对开题论证会中专家提出的问题与建议进行分析讨论，消化吸收，采纳有价值的建议，对研究的方案进行修改。

开题论证是一项严肃的课题研究工作，要以认真、严谨、实事求是的态度组织好论证会。经过开题论证，课题组的研究方向会更加明确，研究思路也会更加清晰，从而确保课题研究的顺利开展。

五、过程性资料的收集整理

为准备翔实的研究资料，方案出来后，主持人可以对小组成员进行分工，分别进行资料的收集整理。其实课题研究的过程就是一个边总结、边研究、边积累资料，逐步提升的过程。积累资料的过程是分析情况的过程，也是教师专业素养提高的过程。所以，搜集和积累资料是行动研究的一个重要环节。我们要做一个有心人，重视实践中的反思，用事实说话，关注研究中的细节，呈现研究过程中的每一个脚印。

在科研课题的研究中，资料起着举足轻重的作用，它为课题假设是否成立提供事实和依据，为实验报告的顺利完成提供保证。因此，科研过程中资料搜集是一项非常重要的工作，它直接影响着课题研究的质量和效率。

一线教师常有这样的疑惑：到底要准备哪些材料？一般需要准备的资料有三种：

（1）计划性资料：包括立项申请书及批复文件、课题总体规划及各阶段实施计划等。

（2）过程性资料：包括研究活动记录、相关文献检索材料、学习笔记、研究课、示范课教案、测试题目及所测相关数据统计、调查问卷、分析统计表等原始资料，以及各类与课题相关的材料等。

（3）总结性资料：包括调查分析报告、专题总结、阶段总结，以及相关论文、获奖证书、中期报告、结题报告、著作等。

总之，在课题研究的过程中，我们要根据结题需要，将具有一定保存价值的各种材料，根据其内容、形式，归入不同的类别。

六、做好结题工作

要做好结题工作，就要注意以下几点：

一是课题组全员参与。课题研究及结题都是课题组全体成员的任务，而不仅仅是课题组主持人的事情。课题组成员共同努力才能做好结题工作。每位成员应以积极的态度和饱满的热情，积极参与到结题工作中去，这也是从事教育科学研究所必须具备的良好思想品质和作风。

二是要统筹安排，有序进行。结题工作包括许多具体事务，必须周密考虑，统筹安排，有计划、有准备、有步骤地进行，防止无序和疏漏。

三是把好材料准备关。为了使结题材料规范、质量高，在结题时，严把材料准备关，其具体做法是层层把关，分包到人，集体行动，全员努力。

一般而言，提交给课题管理部门的课题文档主要包括以下几种：课题鉴定书、结题报告、课题立项申请书、成果集等。成果集中的主要内容有能集中代表研究成果的学术论文、专著、调查报告、研究方案、研究案例等。

在现实操作中，有些教师有一个观念上的误区，总认为结题鉴定材料是越多越好，越厚越好。其实，准备结题材料要力求精、简，通过工作总结报告简略描述整个研究组织工作，通过研究报告把研究的最重要、最有创新、最有理论和实践价值的成果展现出来即可。因为材料越多，打印、复印的成本越高，评审专家也很难认真审阅一大堆资料并做出准确的评判。

四是把好主件的撰写关。在结题中，结题报告是结题材料的主件。结题材料准备阶段是结题中最为重要的阶段，能否顺利结题，主要看这个阶段的准备工作是否完备，是否真正把课题研究中最重要、最主要，也最能使鉴定专家和管理部门认可的成果总结出来。课题研究成果呈现的最主要方式是结题报告，撰写好结题报告是这一阶段的关键。

结题报告如何写？

1. 结题报告基本框架

结题报告一般由以下几部分构成：题目、摘要、关键词、正文。结题报告的正文包括问题的提出、核心概念界定、研究的意义、研究的目标、研究内容、国内外研究文献综述、研究设计、研究方法、研究过程、研究结果、研究结论、附录、参考文献。其中，研究结果是最重要的部分。

2. 结题报告的撰写要求

一是客观。结题报告是课题组对自身的研究工作的综合，是自我总结和评价，必须防止和克服主观片面，坚持实事求是，引用的数据、材料必须经过核实，对成绩、问题的评价必须恰如其分，全面、客观地反映研究工作的实际。

二是明确。结题报告的思想、观点、做法、体会等，要以现代教育科学理论为指导，体现现阶段教育改革和发展对科研的要求，具有时代的高度和先进性。报告各部分的内容必须明确、具体，切忌空泛地叙述或议论。课题组要下功夫进行分析、概括，力求总结出独特的、新颖的、具有普遍意义的做法、体会和经验。

另外，结题报告要结构严谨，层次清楚，逻辑严密，文字精简。好的结题报告的一个重要特点是，用有限的篇幅反映丰富的内容。在材料的组织、加工过程中，课题组要突出重点，分清主次，果断地将一些可要可不要的、一般性的、次要的内容去掉，对基本的重要的内容，精心进行概括、归纳和提炼。

研究报告的撰写可总结为：核心概念要写明，研究意义阐述清，目的方法不易多，分工阶段不必写，提出问题是基础，原因分析酌情写，对策措施最重要，叙议结合内容实，成效讨论放最后，参考文献不可缺。

参考文献要严谨科学，作者、书名、出版地、出版社、出版时间等都要写出来。例如，叶澜，白益民，王枬，等.教师角色与教师发展新探［M］.北京：教育科学出版社，2001.

"要挖井，专掘一口。"做教育科研最好专注一个方面，以课题为载体，做一个自己感兴趣的课题，深入研究，持续研究，最终会产出高质量的研究成果。

参考文献：

李冲锋.教师如何做课题［M］.上海：华东师范大学出版社，2013.

潜心课题研究　成就卓越梦想

"我成长最快的阶段就是参加中原名师培育项目这几年。"每次在和其他教师交流时，我总是有感而发。每年两次的中原名师培育集训，我每次都满怀期待，每次都是收获满满。一群有情怀、有目标、坚持不懈、努力前行的人相聚，是件非常美好的事情。相遇便是收获。正像中原名师培育项目负责人丁武营主任所说："中原名师项目为河南名师打开了另一片成长的天地。"的确如此，因为中原名师培育项目，我和其他中原名师有了美好的遇见，遇见了"浙师大"，遇见了优秀的"同行者"，遇见了"导师"，遇见了"成长加速度"。

已经走过的五年中原名师培育之路，我一路汗水，一路收获。从农村教师到中原名师，我一次次成长。可以说，中原名师培育项目是助推器，课题研究是"催化剂"，在不间断的课题研究中，我不断地成长。

最难忘2015年7月份的第一次集训，刁玉华副厅长、丁武营主任掷地有声的讲话常在耳边回响。我们河南是大省，但教育科研没有优势，教育成果并不多，在这种背景下，我省启动了中原名师培育项目。中原名师培育项目可谓是国内首创。其项目的实施定位就是要以课题为载体，促进名师科研能力的提升，加快名优教师成长的步伐，多出成果，培养一批河南省基础教育的领军人物。鉴于此，做课题成了中原名师培育项目促进名师成长的主要途径之一。

省教育厅下发的［2015］774号文件中，明确了中原名师考核的五项内容：一是个人发展目标考核，二是理论研修考核，三是实践研修考核，四是教师发展学校和名师工作室考核，五是教育科研考核。在这五项考核内容中，教育科研考核无疑是最难的一项。每一次集训都安排有课题考核答辩，以此引领中原名师和中原名师培育对象在学习中研究，在活动中研究，在实践中研究。"提高研究力，物化研究成果"是中原名师培育的主旋律。仅2018年秋期集训就安排了两个课题研究考核答辩项目：一是2017年认定的中原名师进行中期的研究考核答辩，二是中原名师培育项目专项课题开题考核答辩。我参加了中原名师培育工程专项课题开题考核答辩。

自2015年中原名师培育工程启动以来，中原名师培育项目办和培育基地浙师大共组织了七次集训，我六次参加考核答辩，其中五次是关于课题的考核答辩——立项、开题（两次）、中期答辩（两次）。一次答辩，一次历练，在一次次的课题考核答辩中，我关于课题研究的理念在变化，认识在加深，感悟在升级。我对课题研究从茫然到明朗，再到常态。现如今，研究的意识已渗入工作、生活中，研究成为我、我们中原名师群体的常态。

回望自己的课题研究之路，我把它分为"三个时期""三种境界"。

一、"茫然期"——选题容易，结题简单

"昨夜西风凋碧树，独上高楼，望尽天涯路。"这是我"茫然期"的研究境界。

我的课题研究茫然期是1998—2005年。在这个时期，我觉得选题不是太难，之所以觉得"容易"，是因为申报的课题是从指南上选的、是"假想的问题"、是"拍脑袋"想出的问题，但是这样的课题要么题目过大，要么与教学实际联系不紧密。

1998年，我开始做第一个课题，课题的名字是"小学生作业完成情况调查研究"。这个题目是怎么来的呢？我已经记不清楚了，可能是我发现有学生完不成作业，就想出了这样的题目。当时我对课题研究知之甚少，可以说没什么感觉。研究课题定好、填写完申请书后，我就该干什么干什么，完全忘了有课题需要研究。到了结题的时候，我把平时思考写的文章、复印的与课题相关的资料、撰写的结题报告，全部放在一起装订起来上交。就这样，迷迷糊糊地做了一个所谓的课题。课题到底怎么做，却一点也不清楚，真是茫然一片。在这样的茫然期，我觉得选题容易，结题简单，那是因为选的题是没有经过深思熟虑的，材料是拼装的，这样的研究是"假研究"，这样的研究没有实际价

值。真正的课题研究是教育实践理性提升的重要手段，是教师专业成长的必要途径。

在懵懂、茫然中做课题，怎能做出高质量的课题？这样的课题怎么会对教育教学有帮助呢？但在这个阶段做课题并不是没有一点收获的，在一定程度上，开阔了自己的眼界，积累了一些经验。因为做课题，需要查阅大量的资料，查阅资料的过程也是学习的过程。

二、"明朗期"——选题不易，过程艰辛

"衣带渐宽终不悔，为伊消得人憔悴。"这是我"明朗期"的研究境界。

苏霍姆林斯基说过："凡是感到自己是一个研究者的教师，则有可能变成教育工作的能手。"2006年起，我的研究进入明朗期，也就是开始了"真研究"。我对研究课题慢慢地产生了兴趣，多了一些思考，对课题研究的流程清楚了，对研究的过程深入了。我开始明白教学工作要与科研工作紧密结合，在工作中研究，在研究中工作，把工作中遇到的问题提炼成课题。

（一）选题

选题不易，选一个好题更不易。2015年5月，我被确定为中原名师培育对象。在此前，我已主持或参与过13项课题研究，感觉自己对课题研究是有一些经验的，但参加中原名师培育工程项目后，我感到了自己的诸多不足，遇到了很多困惑。

第一次在金华培训时，几位专家一再强调，你们是中原名师培育对象，你们所做的课题不要太小，要有引领作用。金华集训回到家，我就开始着手选题。如何选一个高大上的题目呢？定高大上的课题成了我的心结，让我纠结不已、煞费苦心，真正体会到了选题的不易。炎热的八月，我把自己关在书房里，认真梳理自己对教育教学的思考，然后把想要研究的课题一一列举出来，仔细推敲。同时，我请教科所的几位专家指点迷津。就这样，在专家一次次的指导下，在经过不断的否定、肯定之后，我的研究课题才终于"诞生"。我把题目定为"小学数学自主学习目标体系建构研究"，之所以选择这样的课题，是因为从2012年开始，我就和团队的教师们一起进行细化教学目标的研究，自主学习又是课标中所倡导的学生学习的一种重要方式，这个课题研究既立足于

教学实际，又有一定的研究基础，同时符合"新"的特点，所以这个课题的研究是有价值的。

只有经历，才知其味；只有经历，才有真感受。经历了中原名师培育项目的选题后，我认识到，如果觉得选题困难，那是因为缺少发现问题的洞察力、问题意识不强、阅读积累不够、思考不够深入、教学思想缺乏。作为教师，选题的来源是十分丰富的，可以是对热点问题的思考，可以是在教育教学实践中遇到的问题，可以是在教育理论中提炼出来的问题，也可以是上级教科研部门下发的课题指南上的课题，还可以是自己非常感兴趣的某一方面。生动的教学现场有丰富的教育教学研究资源。想要选一个好课题，需要对实践中遇到的问题进行深入思考。

（二）论证

选好课题，就要填写立项申请书，进行课题论证。课题论证做得好就等于课题研究成功了一半，但论证立项的过程是艰辛的。论证课题，需要先查阅文献资料。浙师大教育学院林一钢教授在报告中曾告诫名师们，查阅文献资料尽量要达到"饱和状态"。河南省基础教育研究室申博士告诫大家查阅资料还需查"牛人"的"牛著作"。为了查阅到翔实的文献资料，我多次到南阳师范学院的图书馆查阅文献，一查就是一天。在中国知网搜索到的相关研究的资料，我全部下载打印出来，装订成厚厚的两本，整整忙碌了几天，觉得达到了"饱和"才罢手。在获得了大量的文献资料后，我开始认真阅读，细心梳理，根据自己的研究方向准备论证课题。

河南省教育厅下发的［2015］774号文件中明确规定："课题立项申请要规范填写立项申请书，要具有严谨的课题论证，具有充分的课题研究条件和保障；课题研究必须要建立在扎实的文献阅读与整理的基础之上，立项申请时要撰写不少于2万字的与课题相关的文献综述。"2万字的文献综述？当时我的确感觉困难。虽然之前我大大小小的课题做了不少，但是写2万字的文献综述却是第一次。以前我做课题写的文献综述一般都是两三千字。如何写出符合要求、高质量的文献综述？思考、"煎熬"了好多天，我在查阅了大量文献写作的案例、方法后，摸索着写，遇到不明白的问题就向高校专家请教、向知网请教，终于按照"述而评之"的写作方法，写出了2万多字的文献综述。

精心是态度，精细是过程，精品是目标。文献综述的初稿出来后，我开始精心打磨，自己修改的同时，请同事提修改建议，就这样一遍又一遍地改，直到自己满意为止。

立项不通过，就意味着中原名师认定首关不过，就不能再参加后面的考核，所以，对立项申请书的填写，每一位中原名师培育对象都格外用心。立项申请书我是分两步完成的：首先是弄清楚、想明白每一项填什么，然后思考怎么填写。经过一周的废寝忘食、一丝不苟的努力，我终于把课题论证了出来。拿着论证好的申请书，我的心中曾划过一丝快意，但一闪而过的高兴之后，又产生了疑惑：研究的理论价值是什么？实践的价值又是什么？论证的是否清楚？我带着疑惑向南阳师范学院教科院的丁新胜院长请教，丁院长看完我的立项书之后，提出了几条修改建议：一是文献综述的述多、评多，建议进行压缩；二是研究的创新点多；三是研究的内容尽量写具体、写明确。根据丁院长的指导意见，我做了修改。与此同时，我向书本请教，从网上买来了李冲锋博士的科研专著《教师如何做课题》。拿到这本理论性很强的科研专著，我细细地研读、品味，边读、边思、边悟，等到想明白后，就对立项申请书进行逐字逐句修改。就这样，反复修改了10多遍，大约15000字的论证申评书终于成型。

"一分耕耘一分收获，有付出就有回报。"这次课题论证的经历使我终于弄清楚文献综述该如何写，立项申请书如何更规范地填写。同时，我对如何论证课题有了自己的思考。在近几年的外出培训中，我多次把自己研究课题时的思考所得分享给参与培训的教师们，使他们得到启发，避免在做课题时走弯路。

（三）答辩

答辩时专家评委会提什么样的问题？对课题是否想得通透？何不模拟一次呢？带着这样的想法，我做好PPT，向原市教科所景国成所长请教。我们一起探讨了可能问到的问题：为什么要研究这个课题？您的研究与以前的研究有什么不同？如何确保您构建的自主学习目标体系合理科学？您研究的方法是什么？等等。模拟答辩后，景所长笑着说："你问题想得很透，看来真没少下功夫，PPT做得也上档次，会顺利通过的。"景所长的鼓励，给我增添了几分信心。

我在认真准备的等待中，迎来了答辩考核的日子。2016年3月25日，我和2016年要考核的20多位中原名师培育对象齐聚金华，参加立项考核答辩。然而此时，我的身体却出了状况。在去金华的前几天我得了重感冒，为了有一个良好的状态，各种治疗方法都用尽了，但还是没有好。到了金华我又发起了高烧，但我还是打起精神做准备。其实，我非常感谢这样的经历，这是一笔宝贵的精神财富。它让我明白成长是咬牙坚持、再坚持。

在酒店住下后，我把申请书发给了导师杨光伟博士，请导师指导。杨博士一再强调研究的内容是最重要的，要想明白、写具体。研究内容清楚了，研究的方向就明确了。在杨博士的指导下，我对课题再一次进行修改，直到明白了为止。

自信来自准备充分、心中有数。10分钟的开题论证陈述非常顺利，我表现得自信、自如。在答辩环节，首先提问的是黄晓博士，黄博士提了一串问题："您查阅的文献资料中怎么没有数学自主学习方面的文献？自主学习目标如何定？怎样检测目标？"接着，考核组组长陈秉初教授提了关于教育研究方法的问题："你这个课题研究主要想采用什么方法？行动研究的对象是谁？从几个维度设计问卷？你的研究从几年级开始？"由于准备充分，我对各位评委的问题回答得都比较顺利。最后，陈教授说："如果你这个课题持续研究下去，我相信效果会很好的，你的教学质量会大大提升的。"陈教授的肯定，让我研究的信心倍增，在归途的火车上，我就根据评委的指导建议对立项申请书进行了修改。

在课题答辩时，评委的严肃、专业使我对'学术'一词有了新认识。准备答辩的过程是一次成长的过程。此次立项答辩考核给了我诸多的启示：课题研究，一定要想明白为什么要研究、研究的目的是什么、研究什么、怎么研究、研究的结果是什么。每一个问题都想清楚了，研究方向才能准确，才能使研究出成效。

（四）开题

为了确保研究的顺利和提高研究的质量，也为了鉴定课题的价值，促进研究方案的完善，就要进行开题论证。2016年10月13日，我们在浙师大进行秋期集训。这次集训又进行了开题的考核答辩。此次的评议专家是来自杭州市江干区教科院的易良斌院长、浙师大教师教育学院的杨光伟博士、河南省基础教育教学研究室的杨惠茹老师。按照河南省基础教育教学研究项目的开题报告相关要求，我认真撰写了开题报告，并且根据开题报告写了汇报稿。3位评议专家的精准指点，使我更加明确了研究的方向，厘清了研究的思路，对于如何突破研究难点有了明确的认识。

（五）中期答辩

开题后，就进入了真正的研究环节。课题是做出来的，不是写出来的。立项后，我就和课题组成员一起开始扎实地研究。首先，加强理论研修。为了了解更多关于教学目标方面的理论知识，立项后，我和课题组成员继续搜集与课题相关的文献资料，进行研究学习，并及时关注了解相关的研究动态，研读2011年版义务教育课程标准和《带着目的教与学》《布卢姆教育目标分类学》等书籍，为课题的顺利实施和深入研究奠定基础。同时，我们着力进行研究，按照研究的内容逐一在课堂实践中研究，做研究的实践者，实践的研究者，享受研究带来的成长的幸福。为了确保研究方向的正确、研究有成效，在研究的过程中，我们及时向聘请的3位课题研究指导专家请教，并且通过召开线上视频讨论会和线下的见面促进会进行认真研究，始终让课题研究与教学紧密结合，与教研同步。同时，我和课题组成员增强资料的积累意识，及时记录、反思，积累资料、整理资料、上传资料，将各种研究活动资料都尽量整理完备。

2017年春期，中原名师第四次集训安排了课题研究中期考核答辩。中期考核是对课题研究加以督促、对研究中存在的问题做出诊断、对后续研究予以指导、促进课题研究者进行反思，使课题研究者有一种紧迫感，从而防止懈怠，防止课题研究方向不对，使课题顺利实施。这一过程是提高研究者科研水平的过程，是保障课题研究质量的手段。

在接到集训通知后，我就开始准备中期的考核答辩，按照要求撰写中期研究报告。我原来也写过中期报告，但这一次却迟迟不敢动笔，因为我知道原来写的中期报告并不规范。到底规范的中期报告怎么写呢？我决定继续阅读课题研究专著，在书中找答案。李冲锋博士的《教师如何做课题》给了我很大启发，让我对中期报告的内容有了完整的认识。原来，中期报告的内容主要包括研究进展、阶段性成果、存在的问题、下一步研究计划、预期成果等。明白了怎么写，我就开始整理研究资料、梳理撰写思路。梳理思路的过程是比较艰难的，思考、思考、再思考，斟酌、斟酌、再斟酌。无论是在出差的火车上，还是在外出讲课的间隙，我都在思考如何撰写中期研究报告。初稿写好后，我一遍又一遍地修改，就连在去余姚答辩的飞机上，我还拿出中期研究报告进行修改，直到自己满意为止。果不其然，功夫不负有心人，有了充分的准备、"通透"的思考，中期考核答辩效果非常好，得到了评委的一致好评："用心、扎实、成果丰富。"

三、"常态期"——定准目标，内容清晰

"众里寻他千百度，蓦然回首，那人却在灯火阑珊处。"这是我"常态期"的研究境界。

不间断的课题研究，以及中原名师培育项目工程的促进，使我研究的意识逐渐增强，研究在我的工作中已经日常化、常态化，我总是能以研究的眼光看待问题，以研究的状态工作。我已经不觉得课题研究是困难，对课题研究慢慢产生了兴趣。

2018年5月11日，中原名师培育工程项目办公室又出了一个专门通告，"2018—2019年组织实施中原名师培育工程专项研究计划，并把研究成果直接转化为图书出版"。通告中的课题指南上有以下几个课题可供选择：中原名师工作室机制创新与运行模式研究、中原名师培育工程引领下的名师成长、科研导向下的名师成长、做一名有教学主张的名师、中原名师优秀课例研究、中原名师工作室案例研究。我选择了科研导向下的名师成长这一课题。因为教育科研是一名教师由普通走向优秀、由优秀走向卓越的必经之路，教育科研就是名师成长的密码。为了论证好课题，连续8天，除了吃饭，我没出书房。我是躲进书房成一统，管它春夏与秋冬，查资料、理思路、深思考，时而昏昏然，时而昭昭然，但最终欣欣然，完成了论证。论证课题的过程是艰辛的，也是美丽的。这次课题论证，让我有了不一样的感受。如果有人问我，课题研究最艰辛的环节是什么？我的答案不是写结题报告，而是课题设计论证环节，如果能设计出来，则思路定，后面就可以依案而行。

在这次论证中，我遇到的困惑是：研究的内容到底怎么确定？研究内容清

晰，研究的方向就会很明确，但我觉得自己定的研究内容不利于研究。在苦苦思索仍不得其解时，我把立项申请书发给了导师杨光伟博士，杨博士建议我把原来的五项研究内容删改为三项，减少研究内容，这样利于集中精力研究主要内容。关于核心概念的界定问题，我又向新疆乌鲁木齐的孙涛教授、河南省基础教育研究室的申宣成博士请教。在导师、专家的指导下，我对研究什么、怎么研究有了更清晰的认识。

通过这次课题论证，我对课题研究的认识又进了一步，由原来的觉得选题容易写研究报告难，到选题不易确定研究目标难，再到确定研究内容难，这一研究感受的变化，是对课题的研究越来越多、越来越深入的结果。我认识到制定研究内容是课题论证的关键，研究内容不仅要具体、明确，内容之间层层递进，相互关联，而且要与研究目标相对应。

有付出就有收获。多天的寝食难安，多天的挥汗如雨，我终于论证了一个自己比较满意的课题。我说之所以满意是因为这个课题自己想明白了，感觉是"通透的"，不再是模模糊糊做课题了，而是清清楚楚在做课题。在立项答辩中，顺利通过。在培训总结会上，丁主任说："项目办共收到33份专项课题研究申请书。浙江师范大学组织评委对33份论证的申请书进行评审，最终7项课题通过，其中1项是浙江金华教师教育学院吴惠强院长主持的课题，其余6项是中原名师主持的课题。"我很欣慰，能成为六分之一。收获不仅如此，更多的是对课题研究由害怕生疏到熟练自如。认识变化的过程就是成长的过程。在课题研究中，我还总结出了自己的"课题研究六步曲"，体验到研究之趣。研究渗透到了我的工作中，也渗透到了我的生活中。

成功总在风雨之后，幸福总在奋斗之后。5年的培育之路，是我个人专业的快速发展期。在不断的课题研究中，在不断的努力前行中，我的教学主张也越来越清晰了，我对课堂教学、对教师教育都有了自己的思考。与此同时，我带领工作室成员和培养的省级名师、省级骨干教师研究课堂教学，开展研究成果展示活动，工作室成员和培养的省级名师、省级骨干教师快速成长。

2016年8月5日，来自第三方的浙江专家考核小组对我进行考核。在听了我关于个人成长、工作室建设的汇报后，考核组组长浙师大的郑少哲处长评价说："她是一位有思想的名师，她工作室建设的经验值得推广借鉴。"考核组成员浙江特级教师朱昌元专家说："她做了大量的研究工作，工作扎实、创新，有成效。"南阳市教育局师训科周方科长为我竖起了大拇指，她说："你为南阳争光了。继续加油。"这一年，我以实地考核第一名的成绩，被认定为中原名师。

因为"研"，所以"思"。研究、反思、顿悟，在不间断的努力中，我从农村教师到城市教师，从一般教师到中原名师，快速发展。自2015年中原名师培育项目启动以来，我主持的省级课题有4项，3项结题课题中2项获优秀，1项获省级成果一等奖。我参与主持的省、市级课题获奖的有15项。我撰写的多篇论文在中文核心期刊上发表。我在实践中研究，研究又反哺教学，教学能力在提升，教学质量也在提高。

五年的中原名师培育和多年的课题研究让我步入成长的"快车道"，我从研究历程中得到诸多的启示。

一是课题研究可以加速教师的专业发展。"研"是教师专业发展之"源"。浙江大学刘力教授曾说："思想和理念，若无学术性支持，不会深刻；经验如无实证性研究，不够科学。"他提醒名师要用好的生命状态做教育，从感觉走向学术，从经验走向实证。没有研究，就不能行远；没有研究，就没有成长。在实践中发现问题，把问题变成课题，在研究解决问题中快速成长。

二是课题研究可以培养教师的研究意识。做课题要查找资料、分析资料，在研究中要收集资料、整理分析数据，提炼升华思考。课题研究多了，就会培养一种研究的意识，研究就会成为生活的常态。当别人看到的是现象的时候，善研的教师已经想到了探究原因。

三是课题研究可以促进教师学会思考。研究课题，每一个环节都需要想清楚、想透彻，只有想明白了才能做好课题。研究课题，可以让教师养成善于思考的良好习惯，对于教育教学中看到的现象，习惯于问为什么，应该怎么做。我们要善于从问题中找课题，从课标中找方向，从教学中找方法，从成效中找成果，这样的过程会促进我们学会思考。

四是课题研究可以培养人的理性精神。做课题需要用数据说话、用事实说话，这个过程是在培养教师的理性精神；做课题的过程中需要不断地反思，反思才能使思维更全面、更深刻、更合理，这也是在培养教师的理性精神。当别人还不明正误的时候，你已经开始调查了，这就是理性精神。理性精神是每一位教师应具备的一种素养。

五是课题研究要怀有一颗敬畏心。科研要"真"。现在的我越来越觉得，做课题应该怀着一颗敬畏心。做课题要严谨规范、数据精准、表述规范，要有高标意识。做课题是在做学术研究，不仅要有禅定的心态，更要有敬畏之心。论证课题要思维严谨、逻辑性强；研究过程要扎实；搜集资料要翔实，用事实说话，杜绝杜撰。做课题要科学、规范，而不是随意捏造，对课题研究应始终保持敬畏之心。

雨果说："未来将属于两种人——思想的人和劳动的人。实际上，这两种人是一种人，因为思想也是劳动。"思想来自研究，研究出思想。研究，不仅仅是提升了研究的能力，发展了科研素养，也促进名师对教育教学深度的思考，促使中原名师形成自己的教学特色、提炼自己的教学主张，逐渐成为有思想的行者。

课题研究引领我成长，让研究成为我们的工作方式，让研究成为我们的生活状态。让我们在研究课题中提升研究力，让我们在课题研究中智慧地成长。

第五辑

打破发展瓶颈，做卓越教师

——教师管理

"五能"教师，从这里走向卓越

我所主持的名师工作室成立于2012年8月，2015年，被确定为省级名师工作室。工作室现有成员30名，全体成员秉承"做思考的行者"的理念，努力将工作室建设成为教师成长的平台、展示的舞台、研究的基地、示范的窗口、辐射的中心、名师的摇篮。工作室以打造一支师德高尚、理论水平高、学科造诣深、业务技能精的"五能"教师团队为建设目标；以立足实践、专题研究为工作理念，以研究教学、培养教师为工作重点，努力实现成长有目标、教学有风格、研究有成果、教师有思想的成长愿景。

一、对名师工作室的认识

名师工程起步最早的是上海。2002年，上海市宝山区成立了18个名师工作室。上海教育有着丰厚的底蕴，出了很多名师，然而到了2002年，上海名师出现了"青黄不接"的现象，为了培养年轻的名师，带动一批优秀教师成长，特此成立名师工作室，搭建青年教师成长的平台。

名师工作室是名师培养工程的载体。名师工作室可以视为教师基于共同目标，在专家的组织下，旨在通过对话、合作和分享性活动来促进教师专业成长的共同体。特级教师余映潮老师给工作室下的定义是："由教育、教研部门成立的，以某位名师为主持人，以深化学科教学研究工作、培养训练更多优秀教师为目的的学术团队叫作名师工作室。"

当下，很多教育行政部门和学校都成立了名师工作室，我认为，名师工作室是有成长意愿、志同道合的教师走到一起组成的团队。它是实现成长的共同体，是实现个体成长走向群体成长的一条最佳途径。"独行快，众行远"，

"抱团发展"才能走得更远。

名师工作室的成立可以充分发挥名师的示范、引领、辐射、带动作用，实现资源共享、智慧共生、共同提升的目的。各地的名师工作室建设都有其建设目标。《河南省教育厅关于组织实施2015—2020年中原名师培育工作的通知》指出，中原名师工作室的建设目标是按照建设"学习型、辐射型、合作型"名师工作室的要求，努力将名师工作室建设成教师培养的基地、名师展示的舞台、教学示范的窗口、科研兴教的引擎，打造区域性教学合作团队，搭建促进中青年教师专业成长以及名师工作室主持人自我提升的平台，努力打造一支师德高尚、理论水平高、学科造诣深厚、业务技能精湛的高层次教师队伍，实现区域内教育高标准、高质量均衡发展的目标。上海徐家汇名师工作室的目标是"打造面向未来的骨干教师队伍，尽快形成学科领军团队，促进高端人才的迅速成长"。

名师工作室是如何运行的呢？崔国明认为，名师工作室的运行是依靠名师个人的人格魅力、学识魅力，吸引志趣相投的教师组成非正式的团队，以话题引领发展，实现智慧互补、经验共享。有名师则认为，名师工作室是专业学习共同体，以自愿为前提，以分享合作为核心，以共同愿景为纽带，是工作室成员之间进行交流和学习的组织。安徽省中小学教师继续教育中心的汪文华认为，名师工作室的运行是以政府创建平台为保障，以名师指导为方式，以自主研修为重点，以团队学习为支撑，以实践创新为关键，以形成独特教学风格和理论为归宿的优秀教师培训机制。

综观各地名师工作室的运行机制，我们发现名师工作室一般有以下的运行模式。

导师制模式：很多名师工作室都聘请导师，导师一般是当地比较有建树的专家，可以是高校知名专家，也可以是教研、科研部门，或是一线实践型名师。导师和工作室成员一起制定发展规划，指导理论学习和实践研究。

影子模式：培养对象跟名师学习，名师对其进行指导。

基地培育模式：如中原名师的培育基地是浙江师范大学，周期六年，每年集训两次。该模式以科研促成长，以课题为载体，目的是培养"豫派实践型教育家"。

混合模式：由于工作室成员的分散，以及大数据、互联网的方便，现在的名师工作室一般都采用线上和线下相结合的培育模式，通过信息技术进行交流分享。

总之，综观名师工作室的建设目标，其基本方向一致，都是要促进教师的专业成长，促进区域内教师整体水平的提高，从而实现教育均衡发展。大多数名师工作室的运行思路都差不多：以研究引领发展，以任务驱动为策略，研究教育教学。

下面以我的工作室为例，具体谈谈如何建设和发展名师工作室。

二、建设工作室，确立发展目标

根据河南省相关文件要求，教师被确定为中原名师培育对象后，就要成立省级名师工作室，由省教育厅发放名师工作室牌匾，并以名师的名字命名中原名师工作室。这是一个创新之举，是对中原名师及中原名师培育对象莫大的鞭策和激励。我所主持的"中原名师李付晓小学数学工作室"成立以来，我们以课堂教学为切入点，以教学研究为着力点，以课题研究为支撑点，以读书学习为增长点，努力建设工作室，搭建促进青年教师专业成长以及个人提升的发展平台。

（一）筹建工作室

2015年6月，我被确定为中原名师培育对象。7月，我开始对照省厅文件进行名师工作室重建。从对照标准选址、购置设备，到布置室内文化、制度上墙，都得到了各级领导、专家的指导和帮助。在工作室硬件建设初具规模的基础上，我们按照自愿申请报名与学校推荐相结合的方式，选拔出15名工作室成员。这些成员中，既有城市教师，也有乡村教师。同时，我们聘请了10位专家担任学术顾问。随后，主持人和所有成员一道，集思广益，共同设计工作室标志、提炼工作室工作理念、确立工作室工作重点、讨论工作室目标定位等。经过紧锣密鼓的筹备，名师工作室成立了！看着全新的环境，憧憬着名师工作室的未来，心怀专业化成长梦想的我们舒心地笑了。

（二）管好工作室

一是在共同愿景中促进个体发展。明确的目标是成功的起点，清晰的规划是成长的保障。根据《河南省教育厅关于深入推进中原名师培育工程的通知》

的精神，我们共同商讨，确立了专业发展目标：做师德、师能同铸，教学、科研并进的"五能"教师。"五能"即能上课、能学习、能研究、能写作、能讲座。我们认为：教是本，学是根，研是源，写是道，讲是术，只有具备"五能"，才能成长为真正的名师。与此同时，我们共同商讨、制定了各类规划，包括名师工作室五年总体规划、年度工作规划，成员个人三年发展规划、个人年度读书计划等，做到年年有方案、人人有目标。通过制定规划，全体成员达成了共同愿景，明确了发展目标和努力方向。

二是在规范管理中进行制度创新。在充分讨论的基础上，我们制定了六项重要的工作室规章制度：《李付晓名师工作室工作制度》《李付晓名师工作室成员考核评价制度》《李付晓名师工作室研修制度》《李付晓名师工作室考勤制度》等，为工作扎实、有效地开展奠定了基础。在具体实践中，我们除了实施"读书签名制"外，还实施"活动签到制""任务清单制"。

三是在创新方式中完善档案管理。在档案建设上，我们创新地实施了"移动档案"，根据方便管理、方便使用、发挥效能的原则，创新地把档案分为规划篇、学习篇、活动篇、成果篇、总结篇等九大类。

（三）用好工作室

一是搭建网络互动平台。我们建立名师工作室博客、微信群、QQ群、微信公众号等四个网络平台，及时发布工作室的工作状态、活动安排和研究成果，上传课例课件、教学反思、教学素材等课程资源，积极开展网络教研，实现成果推广、资源共享和各成员之间随时随地的交流互动。二是开展形式多样的活动。除了学术交流活动、送教下乡活动外，工作室成立以来，还开展了公开展示课活动，提升了成员课堂教学水平；举行教材解读活动，全体成员对教材的理解和把握能力进一步提升；进行信息技术培训，成员们掌握了多款教学软件的使用方法，能够自觉运用现代信息技术服务于教学；举行了微型课竞赛活动，展示了成员专业基本功；举行了"中原名师培育工程课题研究会"，为工作室"做真研究，出真成果"提供了可靠的保证；举行年度工作总结交流会，对照目标，分析达成情况，反思不足，把年度例行工作会开成了催人奋进的动员会。三是示范引领，发挥辐射带动作用。"一花独放不是春，百花齐放春满园。"几年来，在不断提升个人素质的同时，我组织工作室成员多渠道、多形式地开展同伴互助、区域引领活动，把辐射、带动更多教师走上专业化发展之路作为自己应尽的职责。

1. 开展区域学术交流活动

自2015年开始，工作室每年都要召开"李付晓教学主张研讨会"。在交流活动中，我们工作室成员以课、专题讲座、互动交流的形式展示了工作室研究的成果。参加活动的教师说："这样的研讨会扎实有效，我们收获真多。"有的教师说："讲座深入浅出，可操作性强，内容紧紧围绕课堂教学，有深度、实用性强。"还有的教师留言："以后多举办一些这样的活动，工作室有活动就通知我们。"……

思想的交流和碰撞，擦出了一朵朵智慧的火花，让所有与会教师受益匪浅，使活动真正成为引领思想、碰撞思维、点燃激情、共生智慧的研讨活动。学术交流活动实现了引领、带动区域教师发展的预期目标，取得了圆满成功。

2. 开展送教下乡活动

为了使更多的乡村教师了解前沿的教育教学理念，我们工作室在农村成立了两个名师工作室分室。我带领工作室成员多次送教下乡。每次活动基本按照上研讨课、评课、做专题报告的流程进行，使许多教师受益。此外，我们工作室还积极参加区教体局开展的城乡学校委托管理，6次深入学校托管的两所农村小学进行常规教学督导工作，对这两所偏远农村小学的教师进行专业引领，推动城乡学校一体化发展。

3. 积极承担培训任务

我们工作室积极承担各级各类的培训任务，不仅主持人先后到多地做专题讲座，大部分工作室成员也承担了不同的培训任务。近几年，一些进修学校、地市培训机构把一些培训项目给了我们工作室，我们自己设置培训课程、选定主讲专家、完成培训。在种种历练中，工作室成员快速成长。

此外，我们工作室成员还参加了卧龙区教科所组织的送教科研下乡活动。在培训教师时，我们树立了"接地气，驱内力"的培训观，采用体验式、参与式的培训模式，这种基于参加培训教师所需的"菜单式"培训深受教师们欢迎。参加培训教师在收获教育知识、方法技能等的同时，激发了向上、向善的内驱力。

4. 培养指导青年教师

在指导青年教师方面，工作室采取"思想熏陶、行动引领、分段达标"的方法，为他们搭建成长的平台，对他们进行细心的指导培训。为促进他们理论水平的提升，工作室实施读书签名制，督促他们多读书、勤积累。成员付清霜老师说："这几年，我从被迫读书转变为享受阅读。"成员李丹说："我觉得我读书上瘾了。"

为促进青年教师实践能力提高，工作室围绕"突出数学本质，发展学生思维"进行课例研究。通过一系列扎实、有效的引导、培训，工作室所培养的教师都能够自觉践行工作室主持人提出的教学主张，并在专业化成长方面取得了阶段性成就。

人的成长需要平台，在工作室这个温暖的"学术家"，大家抱团成长，相互激励。经过7年多的建设，李付晓名师工作室早已经进入良性发展的轨道，正在特色建设的路上扎实前行。工作室的各项工作有序开展，充分发挥了名师在课堂教学、课改实验、课题研究、师资培养等方面的示范、指导、引领作用；工作室成员教学能力、研究能力和学术修养都有了明显提高；辐射、带动了区域内小学数学教师专业素质的整体提升。

三、发展工作室，培养优秀青年教师

我们名师工作室有两项重点工作：一是进行学科研究，二是培养优秀教师。因此，培养青年教师是中原名师工作室应尽的职责，也是一种使命。根据省教育厅教师〔2016〕758号文件精神，为进一步发挥名师的辐射、引领、带动作用，发挥名师工作室的指导、支持、提升功能，将中原名师工作室打造成青年教师培养的基地，每个中原名师工作室都将承担省级名师和省级骨干教师的培养任务。如何来承担这一任务？应从以下几个方面努力。

（一）选拔培养对象

选拔培养对象应遵循自愿原则，实施双向选择模式，把有强烈成长愿望的教师确定为培养对象。根据省文件中的选拔条件，各地初步遴选培养对象，然后由中原名师工作室按照培育名额和选拔条件遴选培育对象后，将名单上报省教育厅审核，确定最终参加培育教师的名单。

（二）制订培养目标

工作室制订的培养目标是："努力将培育对象打造成师德高尚、业务技能精湛的'五能'教师。"我们不断地锤炼教学技能，凝练教育智慧，形成教育思想，实现从"教书匠"到卓越教师的转变。我们不仅要引领青年教师专业发展，更要引领他们精神成长，使他们不仅有能力、有风格，更要有思想、有情怀、有境界，实现在专业上超越自我，在修养上超越自身。

（三）确立培养内容

工作室将以师德水平和业务能力的提升为核心，紧紧围绕教师的师德水平和课堂教学能力、教育科研能力、课程资源开发能力等对青年教师进行培育，让青年教师具有以下五种专业能力：①教的能力。引导培育对象提炼自己的教学观，使其不仅能上出好课，上出具有自己特色的课、体现自己研究方向的课，还能发挥引领作用，教别人把课上好。②学的能力。引导培育对象既能向书本、专家、同事学习，也能向教育教学实践学习，不断提升学习力。③研的能力。引导培育对象树立"基于问题解决"的科研观，使其不仅能经常处于研究状态，而且能引领其他教师做研究。④写的能力。读书和写作是教师成长的双翼，督促每一位培育对象坚持写作，写教育随笔、写教学反思、写学习感悟、写教育论文等，以提升写的能力，使其更加睿智。⑤讲的能力。讲是教师专业之术，要为培养对象创造机会，走出去做讲座，从而促进他们总结提炼自己的教育教学思想和理念，增强他们的自信心，以生成更多的智慧。

（四）选择培养模式

工作室对青年教师的培育可采取名师引领、任务驱动、跟岗研修的模式，用心地、有计划地对他们进行指导培训，使他们的专业快速发展，促其尽快成为省级名师和省级骨干教师。

（五）实施培养途径

规划是一种设计，目标是一种愿景。规划+行动、目标+实干，才能不断提升素质，最终成就卓越。为使培育对象快速成长，我们工作室采取了如下培养方法和途径：

一是坚持学习，固本厚基。深厚的理论素养、完备的教育思想体系是名师的标志之一，而学习是达成这一目标的首要手段。我们从以下三点促进培养对象学习：①明确学习内容。引导培育对象树立"有心、用心、恒心"学习观，坚持读书学习，记笔记，做摘录，写感悟，让"欲要教好书，先做读书人"理念根植于每位培养对象心中。要坚持向培养对象推荐书籍，通过写读书报告、开展读书交流活动以及口头测试等形式落实读书效果。每学期举行一次大型的读书汇报交流活动，培养对象每学年要向工作室交读书计划和两篇不少于3000字的读书报告。②丰富学习途径。探索丰富的学习途径，实施"互联网＋名师"的策略。利用名师工作室博客、微信群、QQ群等网络平台，进行培训、互动、答疑解难。③加强沟通交流。工作室成员多与名师联系沟通，汲取经验，碰撞思维，共生智慧。同时，主持人带领培育对象与其他名师工作室开展区域研讨交流活动，并结为成长共同体，共同提高，共同发展。

二是坚持写作，提升水平。如果说阅读使人美丽，那么写作使人睿智。因为写作的过程也是厘清思路、发现问题、明确方向的过程。引导培养对象树立"多思勤记"的写作观，及时反思、提炼、总结，形成文字，并要求每位培养对象写出高质量、有创新价值的文章。大量的写作可以提升写的水平，升华思的深度。

三是坚持研究，形成思想。教育科研是名师成长的必由之路，是把思考和实践融合在一起的有效载体。工作室要引导培养对象坚持"工作课题化、课题工作化"的理念，在日常教育教学实践中，做到"善思考""多提炼""勤总结"，围绕研究课题、教学主张开展研究、撰写论文、整理成果，重点研究课堂。名师工作室要经常性地为培养对象搭建课堂教学水平展示、研究、提高的平台，以促其快速成长，每学期都要举行一至两次大型公开展示课活动，每次活动都要有侧重点。此外，还可以开展会课活动、同课异构活动、个人教学思想研讨会活动等，使培养对象在不断的实践、反思中快速成长。

四是定期访谈，释疑正向。定期对培养对象进行访谈是一条比较好的培养途径。中原名师工作室聘请的导师对培养对象进行对话有重要的意义，因为针对个体进行一对一的评价和诊断，能使指导更有针对性。指导的过程也是即时性点评和指点的过程，可以解决培养对象的个性化问题。

五是"影子工程"，提升能力。名师工作室会根据实际情况实施"影子工程"。培养对象每学期跟岗学习至少一周，在观摩学习中，对照反思，实践体验。中原名师要毫无保留地向培养对象传授知识技能，进行思想、实践上的引领。培养对象也要认真观察、研究中原名师的教学行为，以促进自己实践能力的提升。

（六）落实管理措施

为使工作室培养优秀教师的工作扎实、有序、有效，我们采取如下措施。

1. 建立"三个机制"

我们工作室主要通过建立以下三个机制对青年教师进行培养：

（1）规划机制。工作室要结合省级名师和省级骨干教师的培养方案，制定名师工作室发展规划、年度工作规划。与此同时，工作室主持人和骨干教师指导培养对象制订切实可行的个人发展规划、个人年度读书计划等。具体可操作的发展规划，为培养对象成长为名师和骨干教师奠定基础。

（2）管理机制。一是制定完善的管理制度。在了解实际情况的基础上，工作室主持人带领工作室成员和培养对象制定、完善相关的学习、考核方法和措施，为扎实、有效地开展培养工作奠定基础。二是具体实践落实制度。对培育对象实施任务清单制管理，就是依据工作室年度工作计划，把每学期工作任务以清单的形式在期初下发给每位培养对象，成员根据清单内容认真完成，将完成情况记录存档，作为考核的依据。实施这种管理办法，可以让每位成员清楚自己的目标任务，及时完成任务，提高管理效益。

（3）导师机制。我们工作室聘请高校专家、教科研部门的专家等组成导师团队，承担咨询、指导、诊断、评价等服务，为培养对象营造良好的成长环境。

2. 实施"分段达标"举措

我们引导培养对象做"五能"教师，采用的是"分段达标"的方法。第一阶段，重在培养"能学习、能上课"的能力；第二阶段，重在培养"能研究、能写作"的能力；第三阶段，重点培养"能讲"的能力。为达成阶段目标，工作室根据培养既定方案开展相应的活动，为培养对象的成长搭建平台，同时鼓励培养对象个性发展，为他们的创造提供舞台，让他们个性得到张扬。

3.建立培养对象成长档案

在培养的过程中，我们工作室建立了学员成长档案来记录学员的成长轨迹。档案内容包括培养对象申报表、各种规划、计划、课题研究材料、教学设计、教育随笔、读书心得、各种奖励证书等。

（七）明确评价考核方式

我们工作室对培养对象的培养力求规范、科学，在科学评价中注重成长过程。在评价种类上，工作室采用两种评价方式：期总结和年评价。在评价方法上，工作室按照《李付晓名师工作室培育对象考核评价制度》，采用量化积分办法，重视过程性评价。在评价内容上，一看静态材料，二看活动表现，三看发展成效。在评价结果运用上，工作室对于考核优秀的培养对象，在名师、骨干教师的选拔上优先考虑。

此外，工作室每学年末要召开总结会，每个培养对象进行10分钟左右的陈述，接受导师的质询。这样的评价，督促培养对象积极参加各项活动，较好地完成自己承担的任务，促使其尽快成长为优秀教师。

"奋斗有幸福，创造无止境。"建设发展工作室，任重而道远，但对于今后的发展，我们信心坚定，方向明确。人，因梦想而伟大，因团队而卓越，因感恩而幸福，因学习而改变，因行动而成功。我相信，在项目办领导的关怀支持下，在导师的培育指导下，我们工作室一定会培养出更多的优秀青年教师，为实现教育强省之梦提供助力。

教师专业成长需要引领和历练

迈克尔·富兰曾指出："欠缺一个强势的教师队伍，难以令大规模的
教育改革得以成功和维持。""强势"的教师队伍如何打造？首先
要让每位教师实现专业上的精进，提升教师的专业能力，实现专业成长。那
么，教师的专业成长是自发的吗？当然内因起决定作用，但同时需要外部因素
影响，也就是引领和历练。

下面我们就从教师专业成长的意义、教师专业成长的现状、教师专业成长
的引领、教师专业成长的历练四个方面来探讨如何实现教师的专业成长。

一、教师专业成长的意义

学为人师，行为世范。一所学校拥有好教师，学校才能发展得好。只有教
师成长，才能引领学生成长，教师专业水平决定了学生发展水平，也决定了学
校的教育教学质量。

专业成长会让教师有更多的话语权。专业过硬的教师工作总是游刃有余。
一位教师如果有专业成长的自觉，他会是一个自律者。随着专业知识的丰盈、
专业能力的提升，他有了自己的教育教学思考，那么他在学科教学、学生管理
等方面就会有更多的话语权。我们工作室的韩征老师的微信个性签名是"课程
即产品，教学是个技术活。教师要有大师追求和工匠精神"。他是这样写的，
也是这样做的。他总是默默地研究，尤其对数学"有趣的问题""疑难问题"
特别感兴趣，他录制了几十期相关的小课程供学生观看，以激发学生学习的兴
趣。每次教研活动，他的发言总是"与众不同"，有思考、有深度。一位教师
感慨地说："韩老师说的也是我心里想的，但我就是不知道怎么表达，他说出

来，我就感觉也是我心里想的。"他的课堂教学也总是让人耳目一新。沉稳的课风、自如的把控，让他的课堂教学得心应手。

专业成长会让教师享受到职业的幸福。工作室成员倪磊老师坦言："我觉得做老师很幸福。"她真正享受到了教师职业的幸福感，这种幸福感来自学生的喜爱、家长的认可、同事的敬佩。从教十年的她为何能享受到职业的幸福呢？原因是她一直在成长。她没让自己陷在烦琐的事物中，而总是研究、琢磨课堂教学。有人害怕上公开课，但她却总是抓住这样的机会。在一次次研究课中，她的专业快速精进，驾驭课堂的能力越来越强，她和学生一起在课堂中成长，课堂成了她专业成长的阵地。她说："我不怕上公开课，那是一次寻找课感的难得机会；更不怕磨课，因为磨课是磨人、磨心、磨成长。"研究课堂、珍爱课堂，课堂成就了她，也让她有了作为师者的幸福。

二、教师专业成长的现状

习近平说："一个人遇到好老师是人生的幸运，一个学校拥有好老师是学校的光荣，一个民族源源不断涌现出一批又一批好老师则是民族的希望。"好老师对一个人的成长影响非常大，社会需要好老师。我们学校里有多少老师是这样的好老师？好老师是什么样？好老师是怎么来的？现在，我们中小学老师专业成长的状况如何？我们先看一张图。

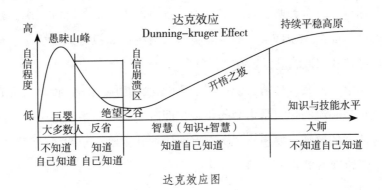

达克效应图

这是"达克效应图"（邓宁-克鲁格效应图），它说明了认知的四个层次：不知道自己不知道、知道自己不知道、知道自己知道、不知道自己知道。这张图启发我们沉思："不知道自己不知道"是无知者无畏，"知道自己不知道"是觉悟者的纠结，"知道自己知道"是优秀者的清明，"不知道自己知道"是大师的游刃有余。在"不知道自己不知道"这个区间的人数还是不少的，唯有不断学习，发展专业，提高能力，才会有相对客观的认知。

现在仍有个别教师，只管低头拉车，不抬头看路，视野狭窄，抱着"当一天和尚，撞一天钟"的思想，不读书、不研究、不写作，结果与其他教师逐渐拉开了差距。教师与教师之间的差距就在于业余时间在干什么，能不能利用好碎片化的时间。优秀的教师善于利用碎片化的时间成就系统的工作。而不够优秀的教师存在以下"三不"状态。

1. 不读书

北宋大文学家欧阳修说："立身以立学为先，立学以读书为本。"教师应该是读书学习的典范，教师读书，才能引领学生读书。网上曾有一篇很火的文章《在学校里最可怕的是，一群不读书的教师在拼命工作》。有人认为教师不读书已成为教育最大的问题。的确，有一部分教师很少读书，给出的原因是平时的工作太忙碌，没时间阅读。

联合国教科文组织对教师职业下的定义是：一个终身学习的职业。教师这个职业是一个读书的职业。不读书的教师怎能教出读书的学生？教师读书是比较好的备课。教师是带着他的阅读史上课的，从某种意义上来说，读书是一种"大备课"，而读教材、读教参、读教辅资料，这些只是"小备课"。教师本身就是课程，一个教师，他走过的路、读过的书等都是课程资源。教师不读书，上的课可能会生搬硬套、照本宣科、没有内涵、没有课堂智慧。教师读书越多，视野越开阔，课堂就越有"灵气"。

当代作家、散文家林清玄说："三流的化妆是脸上的化妆，二流的化妆是精神的化妆，一流的化妆是生命的化妆，即改变气质，多读书……"优秀的教师都是爱读书的教师。要想有"胸有万汇凭吞吐，笔有千钧任翕张"的能力，就需要不断地读书学习。

2. 不研究

研究是教师专业成长之源。研究离教学现场并不远，一节课的知识如何让学生更好地掌握，需要教师研究；学生不写作业，需要教师分析研究对策；教材内容需要教师研究才能找到其价值；教学方式的优化需要教师研究；如何发展学生的思维，需要教师研究……这些研究应该是作为教师的工作常态。可是我们身边有多少教师在真正地研究？就连天天要面对的教材、课堂、学生、作业布置等都没有沉下心去研究，或者研究了，但研究是零散的、深度不够、不成体系。做课题只是为了"应景"，违背了研究的初衷。有的教师研究了几个课题，但还不知道究竟该如何去研究，更多的教师则是出于"打酱油"的状态去研究。真正的研究是解决自己在教育教学中的实际问题。研究是服务教学的，并不是为了研究而研究，研究促成长，唯有真研究才能促进教师真正地成长。无研究难成长，无研究难行远。

当教师有了研究意识，把研究融进自己的工作中，使其成为一种自觉的状态时，就会体会到研究之乐，他就会以研究的姿态工作、生活。一般情况下，名师成长过程的关键词之一就是研究。研究课程、研究教材、研究课堂、研究学生，把研究作为自己的日常生活。我们河南省创新实施的中原名师培育项目最大的特点就是"以研究促成长""以课题为载体"，通过研究促进中原名师提炼教学主张、形成教学风格，通过研究促进中原名师形成自己的教育教学思想体系。由此可见，研究是教师成长的重要途径。

3. 不写作

写作是成长之"术"。读书和写作是教师成长的双翼，读是"输入"，写是"输出"，集识成智。在读中思，在读中悟，在写中思，在写中提炼智慧，在写中形成自己的观点、思想。反观我们的身边，有多少教师在坚持读书？又有多少教师在坚持写作呢？能持之以恒进行研究的教师又有多少呢？有教师说："想的时候很激动，觉得有很多内容想要表达，觉得能洋洋洒洒写很多，但真正动笔写时，却不知道怎么表达。'想'与'写'不相匹配。"还有的老师说："我宁愿多上几节课，也不愿写文章，太难了，我写不好。"

文章是越写越顺，越写越想写，越不想写就会越笔端生涩，越写不出来。我熟识的一位教师，一直行走在读、思、写的路上，一年写了200多篇长短不一的文章。想一想我们自己一年写多少篇文章？在刊物上发表的又有多少呢？作为教师，我们每天都处在教学的现场，应该说可写的素材非常多，为什么写不出来？是研究不够，思考不深，还是实践不多呢？这需要思考，再思考。

著名特级教师高林生说，于永正老师取得成功的原因可以概括为两个字，一个是"悟"，另一个是"做"。所谓"悟"就是他用心思考，求得明白；所谓"做"就是他一直在努力。从某种意义上说，文章是做出来的，只有真实地做了，才有写的内容。实践后，思考了，想透后，把做的写出来，写清楚，把观点提炼出来，就会是一篇生动的文章。

"天下事有难易乎？为之，则难者亦易矣；不为，则易者亦难矣。人之为学有难易乎？学之，则难者亦易矣；不学，则易者亦难矣。"清代彭端淑的这两句话阐释了难易的辩证关系。知易行难，行胜于言，只要行，终将行。只有在不间断的行动中，才能实现专业成长。

三、教师专业成长的引领

改变上面所说的教师专业发展的"三不"状态，就要对教师进行引领，引领教师专业成长，引领教师享受成长的快乐。那么，教师的专业成长一般要经历哪些阶段？

教师的专业成长一般包括以下阶段：新教师、合格教师、骨干教师、名师、卓越教师。从一名新教师到骨干教师还比较容易一些。只要对教师这个职业认同，只要用心练教学的基本功，就会在教育教学方面独当一面，站稳讲台，成为一名骨干教师。但从骨干教师到名师就需要特别的历练，真名师会有自己的教育教学思考，有有形的成果，等等一系列的成就。从名师到卓越教师的则比较少，可谓凤毛麟角。名师、卓越教师都会有自己的教学风格、教学主张，有自己的教育教学哲学，有自己的教育思想体系，只不过卓越教师的教育思想会更成熟，这是从量变到质变的一个过程，是由优秀走向卓越的必然过程。

如何引领教师实现专业成长？

在培训中引领教师成长。当下，我们的教育行政部门和学校都非常重视教师培训，有国级培、省级培、市级培、县级培、校级培，可谓是"五级培训"联合发力。"国培计划"（中小学教师国家级培训计划）是从2010年开始实施的，中央财政每年投入5.5亿元支持"国培计划"。每年国培项目非常之多。毫无疑问，大量的培训让教师们走了出去，开阔了视野，对教师的成长有一定的促进作用，尤其是对青年教师的作用更大。好的培训可以让青年教师少走弯路，不仅让他们掌握了教育教学的技能，还能激发他们前进的内驱力。教师的成长除了需要有成长的平台，还要有专业发展的高度自觉，自己愿意成长，就会有目标，会找时间学习，会寻求成长的途径。

对于教师专业成长，走出去参加培训，是不可或缺的，可以让他们聆听窗外的声音，感受外面精彩的世界，但是决定教师（特别是年轻教师）专业成长速度的还是所在学校是否具有有效的校本研修机制。可以说，在"五级培训"中，校本研修还是比较有实效的培训途径之一。因此，为了切实促进教师的专业成长，校本研修不能是"零打碎敲"、随意而为，而应当有明确的主题、详细的规划、周密的实施、良好的效果。一所学校的校本研修应该体现出整体性、系统性、深入性，有特点、成特色。

教师专业成长需要有目标、规划。为实现成长目标，学校要进行引领，把引领教师成长作为学校的重要工作，引领教师在培训中、在历练中快速成长，最终实现教师的自我成长。我们可以从目标规划、思想观念、搭建平台上进行引领。

1. 目标规划引领

当一位教师有目标追求时，想倦怠都没有时间倦怠。要成长，先要有目标。说到目标规划，可能有教师认为这是"虚的"，认为是"虚的"是因为没有落实好，没有相应的评价机制、激励措施。其实，目标定，才能方向明。目标让教师的专业成长有方向，规划让教师的专业发展更有序。有了规划，然后教师依照规划行事，在任务的驱动下，教师会养成不断成长的良好习惯。

引领教师走上专业发展的道路，学校首先应该帮助教师制定个人发展规划。个人发展规划，如纵向的有读书、论文、公开课、课题研究、教学质量等指标，横向分为合格教师、骨干教师、名优教师、专家级教师等几个等级。教师结合自身情况制定规划。在制定规划时，学校要给予指导、引领，让每位教师制定出符合自身情况、能促进自身发展的切实可行的发展规划。

除了教师个人制定成长的目标、规划外，学校也要有教师专业发展的整体规划。比如，有学校提出了"三三制"培养目标，即"三级"和"三环"。"三级"是指合格级、风格级、专家级，"三环"是指外环、中环、内环。每位教师在自身发展过程中，在课堂教学、班级管理或学生教育等方面，通过规范自己的教育教学行为，设计恰当的教育教学策略。刚调入教师岗位或新上岗的教师要加强学习与实践，尽快在半年到一年的时间内让自己的班级管理、课堂教学合乎规范，尽快成为合格级教师，步入教师发展外环；青年教师思维活跃、充满朝气，各自在自己的岗位上奋力拼搏着，但更要学习老教师那种吃苦耐劳、默默无闻、不计名利、争创一流的老黄牛精神，努力掌握教育教学规律，尽快形成自己的教育教学特色，成为风格级教师，步入教师发展中环；中年教师年富力强、经验丰富，在教育教学上尽快形成自己一套完整的教学思想，争当专家级教师步入教师发展内环。

有的学校提出了"人人争当学者"的教师专业发展目标。这里的"学者"是指希望教师都能成为学术方面的专家。如何引领？这需要学校引领教师在研究教材、课堂教学上狠下功夫，同时在读书、写作上制订措施让教师们课外读写。刚开始，这做起来还是比较困难的。学校通过赠书、制订读书计划、师生共读、教师共读、读书报告会等活动让教师们慢慢爱上读书。爱读书的教师才有可能成为优秀的教师。如果学校的教师都去读书，这样的学校才能培养出爱读书的学生。

培养教师读的习惯还是比引领教师写作容易一些。由于平时积累的少，教师们对于写作有畏难情绪，觉得写不出来。我所熟悉的一所学校用"校刊"作为突破口，营造校园学术氛围。他们的校刊原来是"期刊"，一学期出一期；为了多刊发教师们的文章，后来改为"季刊"，再后来变成了"双月刊"。如何激发教师们的写作兴趣？答案是精神奖励、物质刺激，在绩效考核中加分。慢慢地，教师们由不会写到能写出来，文章质量在不断提高。覆盖面也由原来的语、数、英学科扩展到音、美等学科，可谓学科全覆盖。小小的校刊激发了教师们的创作热情。一位美术教师说："校刊也发我们的作品，我们以后会更有创作的动力。"以写促读，使读写真正成为教师成长的双翼。

学校对教师的引领要有针对性。教师提出希望得到哪些成长资源的需求，学校尽可能将资源提供给最需要的教师。当教师要讲公开课时，学校就要组织专业水平高的骨干教师进行指导，甚至邀请校外的专家做专门的辅导；当教师希望提升论文水平时，学校就要不定期请专家到学校做个性化指导；当教师在课题研究中遇到困惑时，学校就要邀请教科所专家答疑解惑。

这样的引领是菜单式的、有温度的、温情的，而不是冰冷的、低效的。现实中，学校都比较重视教师的专业发展，但缺少引领，有时候采取的措施是学校管理层拍脑袋想出来的，虽然也是立足教师的成长、学校的发展，但却目标不明确，针对性不够强。

2. 思想观念引领

一所学校的凝聚力来自哪里？来自共同认可的学校文化和学校精神，如我校引领教师追求卓越，用专业发展赢得职业尊严。这种观念上的引领，很多时候是润物细无声的。只有专业发展，才能体会到职业的幸福感。只有教师感受到职业的幸福，才可能把这种幸福感传递给学生。

一次培训，让我对思想观念引领的重要性有了深刻的认识。那是2018年的一次校本培训，原本主办方一位负责人让我讲学科教学方面的专题。他们的校长却说："您讲一讲名师是如何成长的吧。思想观念转变，行为自然会转变，也就会自觉发展自己的专业。"果不其然，在做了《名师是如何炼成的》专题讲座后，一位40多岁的女教师就给我发了一条长长的信息。信息大意是听了我的讲座，她很激动，激起了她成长的愿望。从此，她真的开始改变，在几天后的教师节演讲活动，她报名参加了。这样的事情是她原来不曾想过的，虽然站到台上紧张极了，但她突破了自我。从此，她"开挂式"成长。疫情期间，她给每个学生写信，鼓励学生战胜疫情，健康成长。她所写的几十封信最后集结成书出版。近几年，她先后在不同报纸杂志上发表了多篇文章。2020年，她还被评为市最美教师。现在的她一直在努力成长。

上述例子启发我们，思想观念的引领与专业能力提升同等重要。那么，学校可以从哪些方面对教师进行思想观念的引领？

① 建立良好人际关系的引领。

丹尼尔·西格尔在《心智的本质》中说："关系就像一座大熔炉一样：我们的生命在关系中展开。关系不仅影响着我们的生命轨迹，也塑造着我们的同一性和对自我的体验，它能够促进和阻碍我们的发展。"我们要引领教师建立良好的人际关系。如何与学生相处？如何与家长相处？如何对待同事？引领教师与家长建立和谐关系，争取家长的支持与配合；引领教师与同事之间建立起良好的互助关系。现在，很多学校教师之间关系平淡，甚至出现了不和谐的关系，这不利于教师的专业发展。教育不是"独奏"，而是"和弦"，只有教师们共同发力，同心共振，才能有好的教育。尤其是对青年教师更要加强这方面的指导。把学校打造成"清流之地"，即大家都一心想工作，同事关系简简单单，教师们清清白白做人，认认真真做事，同事之间互相肯定、尊重、赞美、呵护、支持、分享。懂得同伴互助是教师专业成长不可或缺的因素，同伴之间的关系对于教师专业具有极其重要的价值，"相互补台，好戏连台"，对外要多赞美同事的优点；把同事视为自己的镜像，以欣赏和合作的态度对待同事；人前人后都自觉维护同事的品格和专业声望；把同事当作自己的学习资源，同时，与同事分享个人好的观点、想法、经验，和同事一起成长；让教师们认识到，"只有把自己知道的分享出去，自己才能变得更好"，引领教师学会分享；对待并不认同的批评或指责，要冷静，等待机会平心静气地交流；引导教师做一个厚道的人，为专业的通透铺路。

青年教师要虚心请教，在老教师的帮扶下快速承担起为师之责。一般学校都会举行"青蓝工程"，"拜师"仪式隆重，仪式感满满，如让徒弟敬茶、送鲜花、鞠躬施礼、送上自己小小的心意、签订成长协议等。仪式是一种庄重的承诺，把师徒紧紧地联系在一起。"拜师"对师傅是肯定，也是一份沉甸甸的责任；对徒弟来说，是找到了专业成长的可依的臂膀。师傅引领徒弟成长，实现共同成长。

② 教学价值观念的引领。

"什么样的课堂是好课堂？""怎么做一个好老师？""如何落实学为中心的理念？"……教学观、课堂观、学生观、教材观等，这些价值观没有统一的答案，但学校要引导教师去思考、追问。

什么样的课堂是好课堂？认识各不相同，没有标准答案。学生喜欢、发展学生的思维、效果好，这样的课堂就是好课堂。学校要引领教师凝练自己的教学主张，形成自己的教学风格，做有思想的教师、做好教师。何谓好教师？学生喜欢你，喜欢你上的课，你就是好教师。好教师会以"爱"为底色，静心做教育。好教师能给学生带去光亮，照亮学生前进的路，并且让学生有信心、有勇气向上攀登。

理念决定行动。学校应引领教师转变观念，积极向上，争做好教师。好教师能走进学生心里，了解学生所思所想，一切教育行为以学生的发展为前提，基于学情设计学习活动和教学行为，使课堂真正成为师生生命成长的场所，做到以学生为中心，以学生的学习为中心。

3. 搭建平台引领

搭建平台，是为了建立成长的"共同体"。每位教师的专业成长都不是单打独斗的事，结伴前行才能走得更远。不可否认，一些教师存在教育教学能力不足的问题，如课堂教学水平、教学设计、班级管理、处理各种突发事件的能力有待提高。特别是一些年轻教师，在管理学生上总觉得力不从心，课堂教学效果不能达到预期，存在着种种困惑，这都需要学校搭建平台不断地去引领他们专业发展，尽快成长。

我所在的学校借助名师工作室这一平台让教师形成成长的共同体，同伴互助，共同成长。我们有省级中原名师小学数学工作室、区级小学语文工作室、市级班主任名师工作室。三个工作室统一把培养优秀教师作为重点工作，定期开展活动，引领青年教师成长。工作室为学校教师的成长提供了机会，如工作室举行体现工作室教学主张的展示课，工作室的送教下乡、送培下县等活动，都给教师提供了成长的平台。正是通过一次次在活动中的历练，教师的专业水平才能快速提升。

教师的成长需要平台。教师依托工作室抱团取暖不孤独，在集体的智慧交流、碰撞中，实现快速地成长，也便于找到职业认同感和归属感。事实证明，优秀会带动优秀，成长会激励成长。在集体的熔炉中，每位教师都愿意进步、成长。

四、教师专业成长的历练

一所学校，管理者最大的事就是培养教师，从而惠及学生。培养教师就要不断提升教师的专业能力。教师的专业能力主要有三种：教学设计能力、课堂实践能力、教学反思能力。这些能力都与课堂教学有关，学校管理者应提升教师的这些能力，促进教师课堂教学水平的提升、专业成长。课堂教学是促进学校发展的支点，一所学校，教师的课堂教学水平高，学校的发展就会进入良性的循环轨道。

如何历练教师？我们可以从以下几方面着手。

1. 教学设计历练

教学设计能力是每位教师重要的专业能力之一。课堂教学水平优秀的教师，教学设计的能力也不会弱。我们工作室曾对100名名师、骨干教师进行问卷调查，其中一个问题是："在平时的研究中，您主要关注哪些方面？"本题选项有教材、学生、课堂、教学设计。76.3%的教师表示希望在教学设计上得到指导，以提高自己的教学设计力。

教学设计力的提高必须建立在研究好教材的基础上。"读懂教材"是教师的基本功，但很多教师这项基本功还不够扎实，弄不清楚教材的编写主旨、编写特点、编者意图。我们学校把解读教材作为校本教研的主要内容，采用大解读与小解读相结合、个人解读和集体解读相结合的方式。每学期放假前，学校就会把教材和相关的资料发给教师，学科主任会根据教材内容和年级情况进行备课分工，也是教材解读分工。教师们会根据所分的内容进行独立解读教材、备课。这样先让每位教师对教材有一个自我理解、自我认识的过程。学前周，学校举行大解读，由学科骨干教师进行引领解读，这也是一次整体性的解读。通过这样的活动，教师们对全册教学内容有一个整体的感知。在此基础上，开学后以年级组为单位，学校每周举行小解读，即由主备教师对下周要学习的内容进行解读，如目标的制订、自学指导的设计、问题的设计、疑惑问题等。然后全组教师围绕教学内容进行讨论，达成一些对教材理解的共识。

教师们教材解读能力提升需要引领。到底解读什么？怎么解读？解读的策略有哪些？这些内容都需要教师们交流、引领。学校可以通过专题讲座、主题研讨等活动进行引领。

在读好教材的基础上，开始进行教学设计。学校每学期都会举行教师专业能力测试，有"师生同做一张卷""教学设计能力测试"等，旨在促进教师专业能力提升。教学设计能力测试一般是学校组织名师提前拟好题目，让教师根据要求进行无参考资料情况下的教学设计，评委组进行评定。对于设计质量差的课节，要进行二次设计，设计后进行展示，展示后再一次进行评定、修改完善。在第二次设计时，教师可以查阅资料、请教其他教师等，使设计更合理。

有些教师为了有好的设计，一次过关，在教学之余，会努力钻研教材，阅读杂志，吸纳前沿的理念、寻找突破疑难问题的方法。这些活动"倒逼"着教师去学习、去研究教材、研究学生，磨炼了他们的教学设计能力。

功在平时，每位教师都能精准把握教材，人人都能进行高质量的教学设计是学校管理者对教师的期许。每位教师都能对所教学科教材的知识结构体系、素养训练点有清晰的认识，这样才能从整体的角度出发，教学设计有创新。教师要提高教学设计能力就要在平时多历练。我所在学校每周二、三、四会举行教材解读、教学设计研讨活动。校本部和分校年级组的12位教师会在学科主任的带领下进行教学设计的深入研讨，研讨对教材内容本质的把握、练习题的选择等。大家各抒己见，开诚布公，最后通过研讨达成共识。每个人都会把做好的课件、找到的资源传至学科群，年级组教师相互学习、共同修改完善。

2.课堂实践历练

"家常课就是公开课，公开课就是家常课。人人敢上公开课，个个都有代表作。"这是我们学校对每一位教师的期许。为此，学校通过名师指导、外出学习、校内培训，开展多样的课堂教学展示活动，让教师对课堂教学进行切磋打磨。

（1）新进教师"过关课"。

由于学校规模不断扩大，班级由原来的4轨到6轨再到10轨。学校每年都有新进教师，一部分是农村"推优"进城，一部分是农村"推困"进城。这项活动的目的主要是促进新教师尽快能上规范的课，提升课堂教学水平，适应新岗位。新教师在进校培训中就被告知有这样的活动，从选课、研究教材备课、向骨干教师请教，到最后展示，管理人员全程参与活动，对于展示不合格的课，学校要求授课教师重新准备一节，再次听评，直到过关为止。

2019年秋期，一位推优进校的语文教师，连上两节课都没过关，这让感觉良好的她想不通。确实，这位教师的素质不错，但她多年在农村，教研、学习的机会不多，她课堂随意，想当然的成分多。为了提高这位教师的认识，作为语文学科方面专家的校长和一群学校的语文骨干教师与她一起分析研讨，找出问题所在，给她提出改进的建议，特别是给她指出了语文教学的方向。一周后，她第三次上课，这一次评委一致同意过关。令人欣喜的是：这位教师从此走上了研究课堂教学的路。她说：我尴尬过、难受过，但我终于走出了"自以为是"的教学课堂，我现在是努力着、幸福着，我要上好课，上出更多的好课。那些曾经的尴尬、曾经的不知所措，必然会是我以后教学生涯的宝贵财富和美好的回忆。

新教师的过关课，让每一位新教师明确课堂教学基本流程、学科教学的理念、"学生立场"的课堂该怎么去落实。他们在经历展示、问诊、重构、展示之后，逐渐明确课堂教学的方向，从而有能力解读教材、理解学情、设计一节课、上好每一节课。从逐渐确立"学为中心"的理念，到有能力对教材进行合理整合、适度拓展和衔接，这个过程的转变，得益于扎实而专业的校本教研，从而促进新教师专业快速发展。

（2）师徒同课同构活动。

师徒结对是一种双赢的成长方式。一般师徒结对的周期为一年（两个学期），为促进师徒课堂教学水平整体提高，我们学校一般是在第一学期（秋期）组织徒弟过关课活动，第二学期（春期）组织师徒同课同构活动。我校一直组织徒弟上过关课，师傅在备课、上课、班级管理等方面对徒弟进行指导。徒弟上过关课时，师傅全程跟进，手把手、点对点地帮助徒弟读懂教材，引导徒弟有意识地去读懂学生、了解学生，通过前测或访谈把握教学起点和难点，据此设计学习活动，厘清讲课思路。师徒一起一遍一遍地磨课、改课，直到满意为止。

为了促进师徒共同提高课堂教学水平，从2020年开始，我校开展师徒同课同构活动。这是一种怎样的磨炼？办公室里、教室里、校园里到处可以看到师徒在一起研讨的身影。晚上8点多，街灯早已亮起，静悄悄的校园里还有几个办公室的灯依然亮着，那是师徒在一起制作课件。一位师傅凌晨4点已起床在自己家的阳台上练习讲课，她说："我要有师傅的样子，我不仅在专业上带我的徒弟，我还要在专业的态度上熏陶她，我们共同做乐业、勤业的奋进者。"另一位年龄较大的师傅，在活动开始的第一天，就到学校的录播室听课，当天是数学课，而她是教语文的。"您怎么来听课？"她笑着说："我还没来录播室上过课，先来熟悉熟悉场地，我可不想让徒弟失望。"师徒同课异构，让徒弟从师傅的课堂看到自己的不足，同样的教学构思，不一样的课堂教学效果，促使徒弟反思。一位徒弟感慨地说道："为什么我师傅的课堂上，学生都能积极发言，也知道说什么。而我的课堂上，学生不积极主动发言呢？听了师傅的课，我明白了，师傅课堂问题准确，符合学情，有时学生回答不出，她会适时引导，给学生搭思维的'脚手架'。"当然，师傅从徒弟的课堂也学到了创新的做法，发现了一些自己需要改进的地方。

师徒同课同构把师傅和徒弟的成长捆绑到了一起，师徒在一起磨课的历练中，增进了感情，更促进了共同成长。

（3）全员优质课赛活动。

为什么要让教师们多在课上磨炼？佐藤学教授说，课堂改变，学校就会改变。课堂上要让学生积极思考、动手实践、自主探索、合作交流等，早已成为教师们的共识。但现实却仍然存在"堤内损失堤外补""探究不透练习补"的现象。有些教师非常敬业，用大量的时间，加班加点、牺牲自己的休息时间给学生辅导。这样的教学状况堪忧，学生并不"买账"，时间长了，学生甚至会对学科失去兴趣。

如何改进？怎么变革课堂教学？我们把原来每学期的全员提升课活动改为每周全员优质课赛活动。这项活动开学第一天就进行安排。首先各年级学科组长根据年级情况进行讲课排序。然后学校分学科进行整体的赛课安排，让每位教师都清楚自己讲课的时间、顺序，提前充分备课。集团分校教师也参与，每个年级每个学科12位教师在一起赛课。周二语文、周三数学、周四综合学科。每周二、三、四的上午前两节赛课，下午分年级集中研讨，分为两个环节，第一个环节"辩课"，在授课教师陈述、反思后，组内教师进行辩课，说出自己的思考，提出改进、完善的方法，对疑惑地方进行讨论。一人发言，其他人可以提出自己的见解。教师们真诚地交流，讨论改进的措施、完善的方法。第二个环节是周教材解读。

整整一下午的研讨，教师们在交流碰撞中度过，有时因想法不一，会就一个问题争得面红耳赤，但在集体智慧下，最终还是会趋同。这项活动可谓人人"受虐"、个个成长。一轮下来，12位教师讲12节课，通过一起讨论，教师们知道如何上规范的课，感受研讨课的价值。大家知道这12节课如何去上，还明白一类课怎么上，还可以将很多教学的策略迁移到其他类课上。真是磨两节，通一类，甚至通两类。每位教师都在活动中成长，在学校搭建的平台上，年级组的教师成了学习、成长的共同体，一起相互搀扶前行。一位年轻的教师说："这样的活动我们欢迎，每位教师都贡献出了自己的智慧，在交流中又产生了新想法，这让我们这些年轻教师知道课堂教学的方向，收获很大。"

我们的周优质课赛活动，也吸引了外校教师参与。一位来自城乡接合部学校的教师说："这种活动形式真好，有实效、有收获。"是的，我们的全员优质课赛不仅是全员都参与讲课，更重要的是，它是一种"沉浸式"的校本教研，每一位教师都是"发言人"，都要说自己的感受、想法，是有准备的讲，是带着思考听，是带着想法评。学校教师通过此活动历练课堂教学水平，研究课堂、敬畏课堂，在"课"的历练中成长，为学生呈现一节节优质课。

（4）校级引领课。

全员优质课赛后，是引领课活动。各学科挑选教师进行引领。我们的初衷是让更多的教师得到锻炼，通过引领活动让更多的教师变优秀，所以在选讲课教师时，我们选择的是有潜力、基本功好的中青年教师，每次活动都是"生面孔"，为的是让每位教师都得到锻炼，以活动促进教师们研究教材、研究课堂教学。

为了真正起到引领作用，这些"选手"开启了"自虐"模式。学校管理层也开始了"跟踪督导"，"问诊、把脉、开处方"，指出问题、不留情面。授课教师做好设计，年级组教师和学校教学管理人员一起研讨，最终确定方案。接下来就是试讲，试讲分为有学生参与的试讲和无学生参与的试讲。有时候，授课教师前一天上课、诊断，第二天再上。深夜，他们还在改课、完善，甚至有的教师改到凌晨一两点，第二天再上课受"虐"，直到觉得都"可以了"，才在全校教师面前展示，接受大家的"检阅"。在这样的过程中，有的教师哭过鼻子，也有过想放弃的念头，但最终"挺了过来"。被他们称为"黑暗的展示月"的日子也是他们教育人生难忘的日子，这些经历将成为他们看到更好风景的"垫脚石"。

年轻教师倪磊说："我享受这样的过程，这个过程是在'借力'提升自己，借名师的力，借有经验的老教师的力，借学生的力。名师和老教师们把自己多年来积累的智慧都给予了我，我们怎能不抓住这样的成长机会？正是这一次次的历练，让我现在想上公开课，这也是另一种享受。"

的确，倪老师在"历练课"的同时，一步步走向了远方。她3次在全省的名师、骨干教师培育对象培训中做展示课。一次次展示，也引领了她走上研究课堂教学、研究学生的道路。

在这样的活动中，成长变化的不止她一个，而是一批又一批教师。在活动中，教师们从观念到行为发生了较大的变化，慢慢地，他们开始感受到要上好一节课就要做好具体步骤，也感受到研究一节课的价值可以迁移到其他课的研究。

（5）抽课活动。

这项活动参与的对象是40岁以下的年轻教师，是为青年教师搭建的又一个成长的平台。在每年的4月份，例会时，利用"转转软件"进行抽课，抽中的教师有一周的准备时间，在下一周进行展示，全校同学科教师参与听评，以助力年轻教师课堂教学水平提高。

除了上面的课堂教学研讨课活动外，还有常规的练习课、新授课、复习课等课型教学的研讨、沙龙活动。课堂教学活动，几乎贯穿每一个学期的始终。我们利用课堂改革撬动学校的发展。

课上历练，也产生了我校的"王牌学科"。英语学科本来在小学是"弱势学科"，现在却已成为"强势学科"。我校10位英语教师，都不超过40岁，个个都是课堂教学的高手。人人都可以上大型公开课，常态课就是公开课。这中间到底经历了怎样的"蜕变"？

从2017年开始，英语组的姑娘们开始"抱团发展"，她们立足教学实践，进行课堂教学实践研究，立了相关课题进行研究，做真研究。下班后，她们还在办公室研讨，已经很晚了，她们还在备课、做课件。周六、周日她们会自发到学校继续研讨，用极大的热情投入到课堂教学的研究中去，最终探索出了英语图式理论教学法。这种教学法，需要做大量的教具，能买的教具很有限，她们就自己制作，有时也会求助于美术组的教师们。这种教学法，让学生根据教师制作的文本情境图学习单词，进行文本故事的叙述，不仅激发了学生学习兴趣，更提高了课堂教学效率。

图式理论教学法的成果在英语课中应用，同时受到了市、区教科所领导的关注，并进行了图式理论教学法成果推广活动。英语组展示了低、中、高不同年级的研究课，学生进行了英语情景剧的表演，孩子们纯正的发音、自信的表演给与会的专家、领导、教师留下了深刻的印象。一位教师感慨地说："这些孩子们真不得了，回去后我也要尝试这种教学法。"英语学科主任尚悦做了精彩的研究汇报。她向与会者展示成果、研究的过程，以及她们英语组对英语课堂教学的思考，翔实的资料、取得的成效，证明了她们在课堂教学探索的路上所付出的汗水。

付出就有收获。课上历练，让教师们对课堂教学有了自己的思考，形成了自己的教学观，一个个教师俨然成为行家里手。与此同时，全校教师达成了教学共识。

教师们在每次实践活动中，在活动后的不断反思中，达成了关于教学的共识："研究课堂教学，优化教学方式是永远的课题。""在教学工作中不断地自我完善。""师生都要有目标感，目标促进师生成长。""教学设计和课堂实践同样重要，多学习积累，多思考、反思，才会产生有创意的教学设计。""学生要像科学家那样去探索，教师要像科学家那样去工作。""尽量不去简单地说教，而要引导学生感悟、体验、自悟。""教学是一项技术活，需要历练。""改变自我，为学生的成长而教。""好的课堂让学生在民主的氛围中，尽情发挥创造。"

这些草根式的朴素表达，代表着一群教育人对待课堂教学工作的理解，他们在教学中创设自由的学习氛围，让学生站在了课堂的中央，既"教"又"育"，发展学生的思维能力，培养学生反思能力、自主学习能力、自主管理时间的能力，为学生的持续发展提供动力，调动学生的学习主动性。

教师专业成长的历练，不仅包括教材解读、教学设计、课堂教学的历练，还包括自我反思、专题研究、命题能力等方面的历练。

学校的质量取决于教师的素质。学校管理者的责任就是引领教师、历练教师、发展教师、成就教师，对所有教师进行有效的、系统的引领，搭建历练成长的活动平台，在活动中"照见"教师的差异，了解教师的需求，指向未来，引领教师自我成长！

后记

我与“参培”教师同成长

2003年8月，我所在的卧龙区进修学校举行2001年版课标培训活动，教研室吴主任推荐，让我承担此次数学课标培训任务。为了完成好这次培训任务，我把自己关进书房，反复研读课标，认真“啃读”义务教育课程标准解读，立足实践思考，最终顺利完成了培训任务。自此以后，我便成了进修学校的“常客”，参加了进修学校多个模块的培训，并在2006年被聘为进修学校兼职教师，正式成为一名培训者。

这么多年来，我既是培训者，也是被培训者，在培训别人和接受培训中提高、发展。如果说，我面对学生更多的是关注教材内容、关注学习方法策略等，而与教师们的交流则更多的是传递教学的智慧、分享教学的思考、凝练教育教学哲学、提升教学的技巧，激发参加培训教师成长的愿望。

最开始给教师们做培训，我总是先写讲稿，再做课件，然后练习，直到自己满意为止。后来我边做课件边整理自己的思路，课件做好了，课也就备好了。我珍惜每一次和教师们一起交流的机会，敬畏和教师们交流的“舞台”。我常会反思：“我讲座的价值有多大？”“我的观点经得起推敲吗？经得起时间的考验吗？”“我交流的内容能激发参加培训教师发展的内驱力吗？”……有了这些思虑，我每次都会用心梳理观点、反复琢磨语言，以求有更好的培训效果。

除了参加"国培计划"项目的授课外，我还多次参加了"省培项目"、全国中小学教师继续教育网的培训项目等。作为进修学校的兼职教师，我更是每年都要参加进修学校的项目培训。与此同时，我参与了职前培训，做客南阳理工学院的"师苑大讲堂"，参加河南大学"教育家书院卓越讲堂"系列讲座，和未来的教师们探讨如何成长。

在经历的培训中，总有一些是难忘的。最难忘的是2016年10月的一次培训。南阳师范学院文学院邀请我去给国培班的学员上课，当时我也没问参加培训的对象是谁，自认为应该是语文教师。上课前我才知道学员中大部分是校长或副校长，当时真有点心里没底。第一次在文学院上课，而且面对的是一群来自十二个市的一些中小学校领导，我依然清楚地记得当时讲的专题是"中小学教师如何做课题"，出乎意料的是这次课反响很好。下课十五分钟的休息时间，学员里三层、外三层地把我围了起来，拿着自己拟好的课题和我继续讨论。原定的三个小时的课，在学员的要求下，延长了半小时。之所以有这样的效果，我想可能是因为从2014年开始，课题研究成果被纳入职称评审的业绩条件，但当时大部分一线中小学教师并不知道如何做课题，他们需要这样的培训。

这次培训，让我深受启发：培训一定要给参训教师需要的内容，"菜单式"培训效果会更好。作为一线教师，我对教师们的所需还是了解的，所以在后面的培训中，如果主办方有主题，我就按既定的主题讲，若没有，我就会选择教师们需要的、感兴趣的内容交流。

每次培训结束后，我都会反思自己的不足，琢磨交流的技巧，了解参加培训教师的感受，明确改进的方向。有时，我还会带着工作室的成员一起参加活动，让他们给我"挑毛病"，让他们多一些学习提升的机会。我们相互影响、彼此成就，慢慢形成了成长的共同体。

就这样，在研究教学的同时，我进入了"另一个天地"——教师教育。每一次和教师们交流都是一次梳理自己思考、提高自己认识的机会。和参加培训的教师们一起交流，是一种"双赢"，我们在对话、互动中一起成长。

在培训中，我逐渐形成了自己的培训观：接地气，驱内力。我在培训中，不仅与参加培训的教师探讨教学的策略、方法，更激发了参加培训教师的内驱力，激发了他们"向上、向善"，激励他们成长。一位教师说："听了您很多次讲座了，每次听都很激动，觉得自己还像刚上班那样有干劲。我要努力学习成长，也想成为像您这样的老师。"这可能就是培训的价值所在吧！

19年的培训教师经历，使我从当初的"跌跌撞撞地走"转变为现在的"习以为常地走"。我在培训别人的过程中成长，也逐渐形成了自己的教育教学思考："舍是为了得""少是为了多""退是为了进""慢是为了快""听是为了说""有什么样的思维就有什么样的人生""教育的本质就是在课堂教学中发展学生的思维""讲座主题要聚焦，简单而深刻，给人以启发"……

培训教师是我成长的又一个重要途径！

这本书收录的是2016年以来我与参加培训教师们一起交流的一些思考。整理这些交流稿的想法源于一次培训。2021年，在北京师范大学培训学习的间隙，我和中原名师班同学一起见到了"三名书系"的编辑老师。看完了一些初稿，编辑老师在肯定的同时，提出了宝贵的建议，促成了我打磨这本书稿的想法。

书中只是我的一些粗浅的思考，整理出来以鞭策自己更好地前行，如果也能给您带去些许启发就是对我最好的鼓励。在编写此书的过程中，我借鉴和参考了国内外一些专家的著作文章，也引用了一些名师的案例和观点，在此致以衷心的感谢！

李付晓

2021年12月22日